COCINA PARA LA TRIBU

Para todas las personas que, antes
que nosotras, cocinaron para sus tribus.
Y, en especial, para nuestras madres,
María Ángeles y Pilar.

CAROLINA FERRER & VERÓNICA SÁNCHEZ

COCINA PARA LA TRIBU

RECETAS HECHAS CON AMOR

Para acompañar este libro y sus recetas, Verónica y Carolina han creado una *playlist* con las canciones que ambas consideran que conectan con la esencia de cada plato.

Las podrás escuchar en el siguiente enlace: *spoti.fi/3vQGtXy*, o bien fotografiando el código QR que encontrarás a continuación.

Av. Diagonal, 402 – 08037 Barcelona
www.cintotintas.com

Cerámica: Sampere Barcelona (www.samperebarcelona.com)
Platos pintados a mano: Ana Cerámica (@ana__ceramica)
Fondos fotográficos: Fondos para Fotógrafos (fondosparafotografos.com)
Localización para la sesión de fotografías en Mallorca: Sa Caseta Mallorca (@sacasetamallorca)

Primera edición: noviembre de 2021

Diseño: Feriche Black Studio (fericheblack.com)

Impreso por Agpograf Impressors, S.L.
Impreso en España – *Printed in Spain*

Depósito legal: B 18202-2021
Códigos Thema: WBA | WBJ
Cocina general y recetas; cocina vegetariana y vegetarianismo

ISBN 978-84-16407-99-6

Contenidos

Comer y amar

El libro que tienes en las manos despierta las ganas de cocinar y el apetito. Podrían ser motivos suficientes para leerlo e incluso para regalarlo, pero, ante la sobredosis de publicaciones culinarias, necesitamos aún más razones. ¿Otra? Las recetas son sencillas y saludables, y están pensadas para pasarlo bien preparándolas, sin necesidad de matricularse en un grado de alta cocina. ¿Más? Incluyen propuestas musicales para escuchar o bailar durante cada elaboración.

Todo eso está muy bien, pero yo te animo a regalarlo para compartir la energía que transmiten sus autoras, a quienes veo avanzar sin tambalearse por el terreno resbaladizo de las cuentas de Instagram. E intuyo que la belleza de sus fotografías, los platos que muestran o las escenas familiares van más allá de esa felicidad de cartón piedra que atrapa a tantos en las redes. Carolina Ferrer y Verónica Sánchez nos descubren lugares y nos ofrecen ideas que invitan a cocinar para los nuestros, y lo hacen desde la alegría de quien se sabe afortunado por amar y compartir.

Ellas se sienten parte de una tribu y no esconden el arrebato de la mujer guerrera que cuida y cría. «Porque las mujeres somos el alma de esa tribu y siempre hemos cuidado», dice Carolina Ferrer. Ambas amigas reivindican sus orígenes, la herencia de las madres y de las abuelas que antes que ellas alimentaron y ofrecieron lo mejor que podían a los suyos. Como la abuela Encarna, una manchega artista de la gachamiga que fue cocinera antes que Verónica, pero no en un restaurante como llegaría a trabajar la nieta, sino en la casa de unos señoritos. «Entonces una mujer no tenía muchas maneras de prosperar en los fogones. Un hombre podía aspirar a ser un buen cocinero; para ellas, el anonimato de las cocinas de las casas».

Ambas reivindican ese amor a quienes las han precedido y a quienes las sucederán. Porque la cocina, explican, «es la manera de mantener vivo el espíritu de las personas. De que las mujeres como Encarna no mueran en nuestra memoria». Y lo hacen, sobre todo, educando a sus pequeños para construir, más allá de las cocinas, una sociedad que no pierda la memoria y que no sea sexista ni homófoba ni racista ni clasista.

Las recetas que encontrarás a continuación se pueden preparar en equipo y con productos de temporada y de proximidad. No olvidemos que cocinar es crear vínculos y comer nos reafirma como seres sociales. Ni olvidemos que hay una gastronomía que es para el día a día; la de los equilibrios y malabares para no salirse del presupuesto. La que parte de platos sencillos y sabrosos que han de nutrirnos y mantenernos sanos sin renunciar a disfrutar y a compartir. Porque somos tribu.

Cristina Jolonch

Introducción

Este es un libro de cocina como muchos otros, un libro de cocina sin pretensiones, escrito por dos mujeres cuya pasión por la gastronomía y el amor a la familia lo son todo. Vero y Caro, nosotras, que tanto nos parecemos y que tan diferentes somos, nos conocimos un buen día a través de nuestras cuentas de Instagram @oh.mamiblue y @carolina_ferrer_.

Nos enamoramos de nuestras familias, de nuestras fotografías y de nuestras recetas. Un buen día, no conseguimos recordar con exactitud cuándo fue, nos conocimos en persona, lo que ahora se llama «desvirtualizar» a alguien. Así fue, nos desvirtualizamos, y parecía que nos conociéramos de toda la vida. Aparte de unirnos el universo de esta gran red social, nos unían la lactancia, la crianza consciente, la ternura y la cocina, sobre todo esto último. Ah, bueno, y el feminismo, eso también nos ha unido mucho, la lucha por los derechos LGTBI, la lucha por los derechos de las mujeres, de los animales, de los niños... Somos muy muy sensibles las dos y solo nosotras podemos entender qué le pasa a la otra únicamente escuchando su voz, o incluso solo con un simple mensaje de texto.

La sociedad es cada vez más individualista, y por eso es tan bonito que dos amigas decidan hacer un libro juntas. Hacer equipo, escucharse, aportar ideas, ilusionarse, y ver cómo las palabras *compañerismo* y *sororidad* cobran sentido. Cuando nos planteamos hacer un libro de cocina, creo que a las dos el primer pensamiento que nos vino fueron nuestras familias. En nuestras mentes apareció el concepto tribu y, sin darle muchas vueltas, todo empezó a girar en torno al sencillo título que pondría nombre a nuestro libro: *Cocina para la tribu*.

Tienes en tus manos un libro lleno de amor, que no está hecho solo para que cocines recetas, sino para que lo hagas con cariño y pasión, para que experimentes y disfrutes de largas sobremesas, y para que tus platos terminen formando parte de la historia de tu tribu.

Y también es un libro que pretende honrar a todas esas mujeres que a lo largo de la historia han sido ninguneadas en la cocina. Porque la cocina la inventó la mujer. La mujer siempre ha sido la encargada de cocinar para la familia, para su tribu. Excepto cuando la cocina era un trabajo remunerado, entonces aparecían los hombres.

Aquí nos quedamos nosotras, en nuestra tribu. La cocina es, para nosotras, pasión por la familia, cocinar para hacer felices a los demás, tener a nuestro rebaño alrededor de la mesa, disfrutando de nuestros platos y brindando por la vida.

Porque, al final, la nutrición no va solo de alimentar el estómago con comida saludable, la nutrición va más allá. Nutrir el alma, esa es la principal razón de ser de nuestro libro. Las recetas son, en su gran mayoría, sanas, con ingredientes de la tierra, pero hay otras que quizá no sean lo que los nutricionistas valoren como 100 % saludable, sino que son de las que nutren nuestra felicidad. Un pastel con azúcar, con harina blanca, de vez en cuando, hace feliz; una copa de buen vino, una cerveza o un chocolate a la taza, siempre que sean compartidos, serán mejor que cualquier plato de verduras en soledad. Estamos convencidas de que la comida tiene el poder de sanar, y de que tus manos y energía serán las que aporten la magia a tus recetas.

Te invitamos a que abras las puertas de tu casa, invites a las personas a las que más quieres, pongas un mantel de lino bonito, compres flores, un buen vino, pongas nuestra *playlist*, y cocines volando con nosotras.

¡Viva la tribu, viva la cocina y viva el vino!

Utensilios

CUCHILLOS: Posiblemente, el utensilio más importante en la cocina, en el que debemos hacer una buena inversión. Un buen cuchillo te puede acompañar toda la vida, así que ráscate el bolsillo y busca los mejores. Sin duda, deberás tener un cuchillo cebollero (bastante grande, utilizado para picar toda clase de alimentos). Otro cuchillo que no falta en nuestra cocina es el cuchillo mondador (también conocido como pelador o puntilla), perfecto para pelar frutas o verduras.

BATIDORA: Podríamos decir que la batidora es nuestra gran aliada. Sirve para preparar batidos, cremas, hummus, bebidas vegetales... Igual que con los cuchillos, merece la pena que hagas una buena inversión. Fíjate en la potencia, es lo que marca la diferencia.

OLLAS: En nuestras cocinas encuentras ollas de todos los tamaños, altas, bajas, gruesas, pequeñas. Pero, si tenemos que escoger una, sería una olla mediana, que te servirá para un sinfín de preparaciones, desde cocer pasta hasta preparar un guiso o freír unas empanadillas.

SARTENES: Lo más importante es que sean antiadherentes y de buena calidad. Cómo laves las sartenes y cómo las guardes hará que duren más o menos. Es mejor invertir mucho en una buena sartén que poco en muchas. Si no tienes mucho presupuesto, escoge una grande, te servirá para elaboraciones pequeñas y grandes. Recuerda que el antiadherente no debes someterlo a cambios bruscos de temperatura. Si está caliente, no debes poner la sartén bajo el grifo de agua fría. Tampoco pongas el fuego muy fuerte si no contiene alimentos o grasa que la proteja.

MANDOLINA: El aliado de cualquier chef. Sirve para cortar verduras y frutas en láminas muy finas.

ESPIRALIZADOR: Sirve para hacer fideos de vegetales de distintos tamaños; puedes usarlo con calabacín (los clásicos espaguetis de calabacín), remolacha, boniato, zanahoria...

BÁSCULA: Utensilio indispensable, sobre todo si quieres hacer cualquier elaboración de repostería. Claro que puedes medir tus ingredientes con tazas o cucharas, pero la precisión repostera requiere de una báscula, siempre. Un consejo: es importante que tu báscula tenga la opción de tara a fin de poder ajustar el peso a cero cada vez que utilizas un recipiente diferente para pesar o bien si añades diferentes alimentos a la vez y así no tienes que pesarlos uno a uno.

RALLADOR ZESTER: Más fino que un rallador normal, este sirve para rallar pieles de frutas (ideal para cítricos como limón, mandarina, naranja...). También sirve para rallar queso parmesano, aunque los sibaritas de la pasta lo desaconsejan.

VARILLAS: Eléctricas y de mano. Como todo, cuanto más buenas sean, más te durarán. Si no son de buena calidad, es posible que se acaben doblando y tengas que reponerlas constantemente.

TAZAS Y CUCHARAS MEDIDORAS: Cuando hablamos de tazas o cucharas, no sirve cualquier taza que tengamos en casa, una taza son 250 ml de líquido, y una cucharada, 15 ml. No tendrás que hacer una gran inversión para hacerte con ellas: busca unas tazas y cucharas de medida estándar y te durarán para siempre.

ESPÁTULA: Preferiblemente una de silicona que resista el calor. Te será de gran utilidad para tus preparaciones reposteras.

TABLA DE CORTAR: Protege tus cuchillos y el mármol o la encimera. Es importante que se pueda lavar y se seque con facilidad.

MOLDES: No necesitas una gran variedad de moldes, de hecho, con el clásico de *plum cake* o el típico redondo de 22 cm de diámetro podrías preparar cualquier postre.

CONTINÚA...

No obstante, si eres como nosotras, te encantará tener moldes para todo, desde pequeños para *cupcakes* hasta moldes de pasteles de diferentes formas o de *bundt cake*.

RODILLO: Lo necesitarás para estirar tus masas, tanto de galletas como bases de tartas o pasta, si no tienes una máquina de pasta.

MÁQUINA PARA ESTIRAR PASTA: Es una de las mejores compras que he hecho en mi vida. Te ahorra mucho trabajo y tiempo para estirar la masa de pasta. Las hay sueltas para apoyar en la encimera y también como anexo a la batidora Kitchen Aid, más prácticas aún.

Despensa

Lo que nunca falta en nuestras cocinas

Lo primero que queremos pedirte es que no te asustes si ves ingredientes que no conoces en nuestras recetas. Es posible que haya algunos que no tengas en tu despensa, pero, si los compras una vez, luego ya no podrás prescindir de ellos. Si no encuentras alguno, no te agobies demasiado, seguro que tu intuición te lleva a dar con algún sustituto en la cocina, de eso se trata con lo del amor por la cocina, ¿no es así?

Nosotras te diremos cuáles son los ingredientes que tenemos en nuestra despensa, los típicos ingredientes de fondo de armario. Procura comprar a granel y ecológico.

Tras haber pasado por varios restaurantes orientales, nuestro currículum culinario nos ha llevado a utilizar bastantes especias, algo que da un toque único a cada plato. Te aconsejamos que no te cortes a la hora de experimentar con las distintas especias, hay algunas que sirven tanto para preparaciones dulces como saladas.

INDISPENSABLES EN LA COCINA

CEREALES (siempre integrales y de cultivo ecológico): Arroz, mijo, quinoa... son algunos de los cereales que no pueden faltar en tu despensa. Una vez abierto el paquete, puedes conservarlos en recipientes de cristal, herméticos. Guárdalos en un lugar donde no les dé la luz.

FRUTOS SECOS: Otros indispensables en cualquier casa. Fundamentales para una alimentación saludable y fuente magnífica de grasa. Nos gustan las avellanas, almendras, nueces... Puedes tostarlos tú mismo y conservarlos tostados para tenerlos ya activados y listos para tomar. Consérvalos en botes de cristal con tapa en un lugar fresco, seco y oscuro. Ten en cuenta que, tras unos meses en la despensa, pueden perder parte de sus propiedades.

SEMILLAS: Supernecesarias a todas las edades. Nos aportan ácidos grasos omega-3 y muchas vitaminas y minerales, así como grasas saludables.

FRUTAS Y VERDURAS: Si abrieras nuestras neveras un día después de ir al mercado, posiblemente te sorprenderías de la cantidad de colores y texturas que ibas a encontrar. Siempre tenemos muchísimas frutas y verduras frescas. Procura escoger en todo momento productos de temporada y de proximidad, a poder ser ecológicos. Somos lo que comemos, no lo olvides.

LEGUMBRES: Si tu alimentación se basa en plantas, eres vegetariano o vegano, las legumbres serán tus grandes aliadas. La fuente de proteína que necesitas está en estas pequeñas joyas de la tierra. Conserva las legumbres en botes de cristal con cierre hermético en un lugar fresco y oscuro.

ESPECIAS Y HIERBAS: Como te contábamos al principio de esta sección, las especias son la esencia de nuestra cocina. Un plato con especias es un plato carismático, con alma y con vida. Juega con ellas, disfrútalas. Algunas especias y hierbas tienen propiedades «mágicas», utilizadas en el ayurveda o fitoterapia como medicina natural. Las más conocidas son la cúrcuma, el comino, el jengibre, la menta, el orégano...

Conserva tus especias y aromáticas secas en recipientes de cristal en un lugar fresco, seco y oscuro. ¡También puedes congelar las hierbas frescas!

NO FALTAN EN NUESTRA COCINA

Jengibre, avena, ajo, cebolla, limón, cacao, aceite de oliva virgen extra, aceite de coco, legumbres en conserva (ecológicas), plátanos, aguacates, chocolate negro 85 %, cúrcuma, dátiles, hierbas aromáticas frescas (albahaca, menta, perejil...), semillas de lino, sésamo, calabaza..., quinoa, trigo sarraceno, tahini, vinagre de manzana sin pasteurizar, sal de buena calidad, shiro miso o miso dulce, ramitas de canela, canela molida, comino molido, comino en grano, pimentón de la Vera (ahumado) dulce, nuez moscada en polvo, pimientas varias, chili o pimienta de cayena, cardamomo.

RECETAS BÁSICAS

Salsa de tomate

CARO · Llevo preparando esta receta desde los nueve años. Cuando mi hermano y yo íbamos a casa de mi padre, me tocaba cocinar a mí, porque mi padre no sabía ni freír un huevo. Yo tan solo tenía un libro de recetas, *La cocina completa* de la Marquesa de Parabere, una biblia de cocina que me regaló mi madre y que todavía conservo. Con el tiempo he adaptado ligeramente esta receta, pero la base, su esencia, sigue siendo la misma: la de esa marquesa a la que tantas cocinas españolas homenajean todos los días.

SALE 1 TARRO GRANDE

3 cucharadas de aceite de oliva virgen extra
2 cebollas grandes, picadas
2 dientes de ajo, machacados
un puñado pequeño de hojas de perejil
3 latas de 400 g de tomate entero pelado (preferiblemente tomate cherry, pomodorini *en italiano)*
1 hoja de laurel
sal marina y pimienta negra recién molida
un puñado de hojas de albahaca frescas (opcional)
2 cucharadas de alcaparras (opcional)

Calienta el aceite en una cacerola antiadherente y añade la cebolla picada. Dora durante un par de minutos, y añade el ajo y el perejil. Sofríe, removiendo de vez en cuando con una cuchara de madera, durante 5-6 minutos.

Agrega el tomate, con el jugo de las tres latas, y cuece a fuego medio, sin tapar, durante unos 15-20 minutos, hasta que consigas la consistencia ideal. Salpimienta al gusto y apaga el fuego.

Puedes dejar la salsa tal como está en este punto o bien pasarla por un chino, añadiendo, si lo deseas, las hojas de albahaca y las alcaparras

CONSERVACIÓN: Guarda la salsa de tomate en tarros herméticos en la nevera durante 1 semana o 10 días. También puedes congelarla en porciones individuales y descongelarla cuando la necesites

CANCIÓN: *Parole parole* – Mina

Salsa arrabbiata

VERO · Esta salsa de tomate es perfecta si te gusta la de tomate clásica pero buscas un sabor más potente, picante y adictivo. Yo lo llamo «sabor 3D», porque cobra otra dimensión en la boca. El secreto es el sofrito y, aunque la salsa *all'arrabbiata* tradicional no lleva albahaca ni aceitunas negras, a mí me encanta añadírselas porque le dan un toque muy especial.

PARA 1 BOTE GRANDE

3 cucharadas de aceite de oliva virgen extra, para freír
2 cebollas dulces, picadas finas
3 dientes de ajo, picados finos
2 guindillas o cayenas, enteras
400 g de tomates de pera maduros
albahaca (al gusto)
2 cucharadas de miel
aceitunas negras, laminadas (opcional)
sal marina

Calienta un chorro generoso de aceite en una sartén y sofríe la cebolla junto con el ajo y las guindillas. Añade una pizca de sal y fríe a fuego medio. Mientras, pela los tomates maduros y córtalos en dados pequeños.

Cuando la cebolla y el ajo empiecen a dorarse, añade los tomates y sofríe a fuego medio-bajo unos 10 minutos, removiendo de vez en cuando.

Mientras, pica la albahaca fresca y añádela a la sartén junto con las aceitunas negras. Deja reposar unos minutos y estará lista.

CONSERVACIÓN: Guarda la salsa de tomate en tarros herméticos en la nevera durante 1 semana o 10 días. También puedes congelarla en porciones individuales y descongelarla cuando la necesites.

CANCIÓN: *Cocinera* – Jolly Land

TOMATE
ARRABBIATA

Bechamel clásica

CARO · La bechamel se compone de dos ingredientes (en realidad, tres) principales. Uno de ellos, el *roux*, es una mezcla *tant pour tant* (a partes iguales, en francés) de harina y mantequilla. La cantidad de leche depende de para qué vayamos a utilizar la bechamel.

La proporción que más me gusta es la de 50 g de harina, 50 g de mantequilla y 500 ml de leche. Esta proporción sería para obtener una consistencia media. Si quisieras preparar la bechamel para unos canelones, por ejemplo, que requieren una consistencia más líquida, usaríamos unos 650 ml de leche. En cambio, para unas croquetas, la haríamos más espesa, con unos 450 ml de leche.

Una buena bechamel empieza con un buen *roux*. El *roux* puede ser blanco, rubio u oscuro, según el tiempo de cocción. Para la bechamel, cuanto más blanco sea, mejor: se cocina lo suficiente para que la harina no esté cruda pero tampoco se dore del todo. No te preocupes por los tiempos: es muy fácil percibir el momento en que empieza a cambiar de color.

En hostelería, el *roux* se suele preparar con antelación y en grandes cantidades para utilizarlo en diferentes salsas, como la *velouté* de ave, el fumet de pescado o la salsa española. No obstante, para prepararlo en casa, merece la pena hacerlo al momento. Por último, es importante que el *roux* y la leche no estén a la misma temperatura. Si el *roux* está caliente, debemos emplear leche fría o a temperatura ambiente.

SALEN 350 ML

50 g de mantequilla (preferentemente ecológica y de vacas de pasto)
50 g de harina de trigo
500 ml de leche entera fría
sal marina y pimienta blanca molida
una pizca de nuez moscada molida

CANCIÓN: *Les mots d'amour* – Edith Piaf

Para preparar el *roux*, derrite la mantequilla en un cazo, incorpora la harina y remueve con una cuchara de madera continuamente unos 10 minutos a fuego bajo, hasta que la harina se haya cocinado y el *roux* haya adquirido un color casi rubio.

Añade un buen chorro de leche y remueve hasta que se mezcle por completo. Sin dejar de remover, agrega el resto de la leche y lleva a ebullición a fuego medio. Cuando empiece a hervir, baja el fuego y sigue removiendo hasta obtener la textura deseada.

Añade sal, pimienta blanca y nuez moscada. Asegúrate de no añadir demasiada nuez moscada: puede estropear por completo el sabor de la bechamel, que debe saber a leche.

CONSERVACIÓN: Guarda la bechamel en un recipiente y cúbrela con papel film a ras para evitar que entre en contacto con el aire. Se conserva en la nevera durante 1 semana.

Bechamel de coliflor

CARO · Esta bechamel es de lo más socorrida, tanto si eres vegano como si no quieres abusar de harinas ni grasas, o si simplemente quieres que tu plato tenga una buena dosis de vegetales. El resultado es espectacular: te sorprenderá gratamente. Es más fácil de preparar que la bechamel tradicional, infinitamente menos calórica y de textura muy parecida.

SALEN 750 ML

1 kg de coliflor (1 coliflor grande), cortada en ramilletes
1 cebolla, picada
3 cucharadas de aceite de oliva virgen extra o 3 cucharadas de mantequilla
60 g de levadura nutricional (o parmesano, si comes queso)
sal y pimienta negra recién molida
½ cucharadita de nuez moscada

CANCIÓN: *Je veux* – Zaz

Calienta el aceite o la mantequilla en una olla y sofríe la cebolla añadiendo sal al cabo de 1 minuto; baja el fuego y tapa. Déjala durante unos 2-3 minutos más, añade la coliflor y remueve bien.

Cubre con agua y cuece unos 10 minutos o hasta que la coliflor esté bien cocida. Cuela y reserva el agua como caldo para tomar en cualquier momento del día: está increíblemente delicioso.

Tritura la mezcla con una batidora de mano, añadiendo un poco del agua de la cocción si queda muy espesa. Incorpora la levadura o el parmesano, la sal, la pimienta y la nuez moscada, y vuelve a batir.

Se conserva en tarro hermético hasta 5 días.

Cuatro versiones de pesto

CARO · Si hay algo que merece la pena tener siempre en la nevera, es algún tarro con pesto fresco, cada vez de un color distinto, según la temporada o los productos de proximidad que hayas comprado esa semana. Los pestos sirven para cualquier receta, ya sea pasta, verdura asada, pescado… Puedes utilizar cualquiera de estas recetas como te apetezca. Una idea deliciosa es untar sándwiches o aliñar ensaladas con ellos, pero puedes probar tantas combinacioens como se te ocurran. Además, se conservan en la nevera, en un tarro hermético, hasta 1 semana.

CANCIÓN: *A far l'amore comincia tu* – Raffaella Carrà

Pesto de guisantes con menta y pistacho

SALE 1 TARRO PEQUEÑO

150 g de guisantes (frescos o congelados)
un puñado de pistachos, pelados
1½ aguacates en su punto
2 cucharadas de aceite de oliva virgen extra
el zumo de ½ lima
las hojas de un ramillete de menta fresca
125 ml (½ taza) de agua
sal marina y pimienta negra recién molida

Pon un cazo con agua salada a hervir y cuece los guisantes (el tiempo variará según si son congelados o frescos). Escurre y reserva.

Tritura los pistachos en una batidora de vaso, añade el aguacate, los guisantes cocidos, el aceite de oliva, la lima, las hojas de menta y la sal y la pimienta. Tritura de nuevo. Lentamente, añade el agua hasta que la salsa se mezcle bien y obtengas la consistencia que deseas.

Pesto de brócoli

SALE 1 TARRO GRANDE

1 cucharada de aceite de oliva virgen extra
30 g de almendras, peladas y preferiblemente tostadas
1 cucharadita de ralladura de limón
1 diente de ajo, picado
500 g de brócoli, troceado
7 g (½ taza) de menta fresca
1 cucharada de zumo de limón
30 g de queso parmesano en polvo, y un poco más para servir
sal marina y pimienta negra recién molida

Calienta el aceite en una sartén grande a fuego medio. Añade las almendras, la ralladura de limón y el ajo. Saltea durante unos 2 minutos o hasta que se hayan dorado ligeramente.

Sube el fuego y añade el brócoli (si no cabe todo, hazlo en dos tandas) y sofríe, removiendo continuamente durante 3 minutos o hasta que esté al dente. Añade la menta, el zumo de limón, el parmesano, la sal y la pimienta.

Pesto de remolacha y salvia

SALE 1 TARRO GRANDE

250 g (2½ tazas) de remolacha precocida, rallada
90 g (1 taza) de nueces tostadas
un puñado de hojas de salvia
¼ de taza de queso parmesano, rallado
1 diente de ajo pequeño
60 ml (¼ de taza) de aceite de oliva virgen extra
30 ml (2 cucharadas) de vinagre de sidra de manzana
sal marina y pimienta negra recién molida

Tritura todos los ingredientes en una batidora potente hasta que obtengas la textura deseada.

Pesto de zanahoria y comino

SALE 1 TARRO GRANDE

½ kg de zanahoria, rallada (unas 4 zanahorias)
½ cucharadita de semillas de comino
100 g de piñones tostados (puedes tostarlos unos minutos en la sartén)
60 ml (¼ de taza) de aceite de oliva virgen extra
60 ml (¼ de taza) de agua
½ diente de ajo
sal marina y pimienta negra recién molida

Pon todos los ingredientes excepto el agua en una batidora y tritura bien, añadiendo el agua poco a poco hasta que obtengas la consistencia que más te guste.

Cuatro versiones de hummus

La primera vez que probé el hummus fue en un restaurante libanés de Valencia; recuerdo que le pregunté al camarero cómo lo preparaban y me dijo que el secreto de la cremosidad era el hielo picado. ¡Aluciné! A partir del hummus clásico puedes crear infinidad de combinaciones utilizando tu imaginación.

CANCIÓN: *Bobo* - Salif Keita

Hummus clásico

PARA 4 RACIONES COMO ENTRANTE

500 g de garbanzos cocidos, lavados, escurridos y pelados, y unos pocos más, para servir
8 cucharadas de tahini
4 cubitos de hielo
4 cucharadas de bebida de soja
el zumo de un limón grande
1 ajo, por la mitad y sin el germen
½ cucharadita de sal
½ cucharadita de comino, y un poco más para tostar los garbanzos
una pizca de pimienta en polvo
aceite de oliva virgen extra
una pizca de pimentón dulce o picante, para servir
unas hojas de perejil, para servir

En un cuenco, macera el ajo con una cucharada de limón durante 10 minutos para atenuar su sabor. Mientras, pon en la batidora los garbanzos pelados y el resto de ingredientes, excepto el ajo y el hielo, y tritura.

A continuación, añade el ajo y el hielo, y tritura hasta que quede una pasta ligera, cremosa y suave. Prueba y rectifica de comino y de sal si es necesario.

Calienta una sartén pequeña con un chorro de aceite y tuesta los garbanzos que utilizarás para servir el hummus hasta que queden crujientes. Puedes añadirles una pizca de comino en polvo u otras especias, al gusto.

Sirve en un cuenco, haciendo movimientos circulares suaves con la cuchara, y termina con un buen chorro de aceite de oliva virgen extra, pimentón, dulce o picante, el que más te guste, un poco de perejil picado y los garbanzos crujientes.

Sirve con crudités de verduras y pan libanés.

Hummus de boniato y tahini

PARA 6 RACIONES COMO ENTRANTE

600 g de boniato, pelado y rallado
2-3 dientes de ajo (o ajo negro)
1 cucharadita de comino
60 ml de aceite de oliva virgen extra
200 g de garbanzos cocidos, enjuagados y escurridos
⅓ de taza de tahini
el zumo de 1 limón
60 ml de agua
sal marina y pimienta negra
½ cucharadita de pimentón ahumado, y algo más para servir
1 cucharada de semillas de sésamo

Precalienta el horno a 200 °C.

Pon el boniato rallado y los ajos en una bandeja grande para horno y mezcla con el comino y una cucharada de aceite. Cubre con papel de aluminio y hornea durante 25-30 minutos, o hasta que el boniato quede blando. Coloca la mezcla en un robot de cocina y agrega los garbanzos, el tahini, 2 cucharadas más de aceite, el zumo de limón, el agua, y la sal y la pimienta, y tritura hasta que quede bien emulsionado. Puedes añadir más agua si crees que ha quedado demasiado espeso.

En un bol pequeño, mezcla el aceite restante con el pimentón ahumado y el sésamo. Coloca el hummus en una fuente, ayudándote de una cuchara. Rocía con un chorro del aceite de pimentón y sésamo. Sirve al momento o guarda en un recipiente hermético.

Hummus de remolacha y comino con nueces

PARA 4 RACIONES COMO ENTRANTE

400 g de garbanzos cocidos, escurridos y enjuagados
2 cucharadas de tahini
60 ml (¼ de taza) de aceite de oliva virgen extra
1 diente de ajo, pelado y machacado (opcional)
60 ml (¼ de taza) de zumo de limón
200 g de remolacha precocida, troceada
½ cucharadita de comino molido
sal y pimienta negra recién molida

PARA SERVIR

60 g de yogur natural estilo griego
30 g de frutos secos crudos o tostados, picados
unas hojas de cilantro o perejil
una pizca de semillas de sésamo
aceite de oliva virgen extra

Coloca todos los ingredientes en la batidora o robot de cocina y tritura hasta obtener una mezcla homogénea. Si la textura es demasiado espesa, puedes agregar cucharadas de agua poco a poco hasta que obtengas la textura que más te gusta.

Pon la mezcla en un bol para servir, añade el yogur, sin mezclar, los frutos secos y las hierbas aromáticas. Rocía con un chorro de aceite de oliva y espolvorea con unas semillas de sésamo.

Hummus de aguacate y pistachos

VERO · El toque de aguacate hace que este hummus sea extracremoso, y los pistachos lo hacen muy sabroso. Dos de mis alimentos favoritos juntos en un mismo plato.

PARA 4 RACIONES COMO ENTRANTE

400 g de garbanzos cocidos, lavados y escurridos
150 g de pistachos, sin cáscara, y unos cuantos más para servir
1 aguacate, en su punto
½ diente de ajo, pelado
5 cucharadas de aceite de oliva virgen extra
½ limón grande
1 cucharadita de sal
1 cucharadita de pimienta negra recién molida
una pizca de comino
unas hojas de perejil o cilantro, picadas

En el vaso de la batidora, coloca los garbanzos cocidos, el aguacate y los pistachos, y tritura durante varios minutos. A mitad de la preparación, agrega el ajo y el aceite de oliva. Tritura de nuevo hasta que se forme una pasta homogénea y suave. Asegúrate de que no queden grumos.

Retira la crema y colócala en un recipiente de vidrio.

Agrega el zumo de limón, la sal, el comino y la pimienta. Con una cuchara, mezcla bien y rectifica al gusto. Si notas que la crema queda muy espesa, añade un chorrito de agua y remueve nuevamente.

Incorpora una parte de los pistachos troceados que has reservado y vuelve a mezclar. Asegúrate de que se mezclen bien con la crema.

Antes de servir, añade un chorrito de aceite de oliva, espolvorea por encima un poco de perejil o cilantro y el resto de los pistachos.

Acompáñalo con *crackers*, crudités de verduras o chips de boniato.

Mayonesas para todos los gustos

CARO · Seguramente te lleves una pequeña decepción si reconozco que mi abuela no hacía siempre la mayonesa a mano. Eso sí, ella me enseñó a prepararla con su minipimer, en su vaso de la batidora blanco (luego ya los hicieron transparentes) y algún truco de aquellos que pasan de generación en generación. El más útil es, sin duda, que el huevo y el aceite estén a la misma temperatura, así que, antes de preparar la mayonesa, recuerda sacar el huevo de la nevera al menos media hora antes.

A mí me gusta prepararla con aceite de oliva virgen extra, pero, si la encuentras demasiado fuerte, puedes utilizar aceite de oliva suave o aceite de aguacate.

Con el método que explicaré a continuación, la mayonesa no debería cortarse, pero, si eso sucediera, podrías arreglarla sin desechar ni una gota. Para recuperarla, retira la mayonesa cortada, pon otra yema de huevo en el vaso de la batidora y añade un par de cucharadas de la mayonesa cortada. Empieza a batir como si prepararas la mayonesa desde cero hasta que empiece a emulsionar. Añade poco a poco el resto de la mayonesa cortada y sigue batiendo hasta que esté ligada.

CANCIÓN: *Bachata rosa* – Juan Luis Guerra

Mayonesa básica

la yema de 1 huevo grande ecológico y muy fresco
1 cucharadita de mostaza de Dijon
1½ cucharadas de zumo de limón
200 ml de aceite de oliva virgen extra, variedad Arbequina (puedes mezclar 100 ml de aceite de oliva y 100 ml de aceite de aguacate)
sal marina y pimienta negra recién molida

Pon la yema de huevo en el vaso de la batidora, añade la mostaza, la sal y la pimienta, el zumo de limón y la mitad del aceite.

Introduce el brazo de la batidora de mano en el interior del vaso, apagado, tocando la base de este, y comienza a batir a potencia mínima. Cuando empiece a emulsionar, añade el resto del aceite, poco a poco, mientras levantas la batidora y sigues batiendo hasta obtener la consistencia deseada.

CONSERVACIÓN: Si no consumes toda la mayonesa en el momento, puedes guardarla en la nevera, dentro de un recipiente hermético, durante un máximo de 2 días.

Mayonesa de albahaca

mayonesa clásica (ver arriba)
un puñado de hojas de albahaca frescas
sal marina y pimienta negra recién molida

Muele en un mortero las hojas de albahaca frescas hasta formar una pasta, salpimienta ligeramente y mézclala con la mayonesa.

Mayonesa de miso

mayonesa básica (ver página anterior; si aún no la has preparado, sustituye ½ cucharadita de zumo de limón por o de vinagre de arroz)
¼ de cucharadita de caldo dashi *en polvo*
1 cucharadita de mostaza de Dijon
3 cucharaditas de pasta miso blanca

Combina todos los ingredientes en un bol y reserva hasta el momento de servir.

Mayonesa de combava

La combava, también conocida como lima tailandesa o lima kaffir, es el fruto de una planta cítrica típica del sureste asiático y de China. Se caracteriza sobre todo por sus hojas de color verde intenso, muy parecidas a las del limonero. El fruto, similar también a la lima común, tiene una piel mucho más rugosa y con bultos. Puesto que apenas presenta pulpa, el zumo no se utiliza en cocina, solo se usan las hojas y la piel externa. Puedes encontrar combava en comercios especializados en productos asiáticos o exóticos. Yo suelo comprarla en un colmado asiático en paquetes congelados, pero también la hay seca (tipo hojas de laurel).

Mayonesa casera (ver página anterior; si aún no la has preparado, sustituye ½ cucharadita de zumo de limón por ½ cucharadita de vinagre de arroz)
¼ de cucharadita de caldo dashi *en polvo*
1 cucharadita de ralladura de limón
2 hojas de combava, picadas finas

Mezcla todos los ingredientes en un bol y reserva hasta el momento de servir.

Mayonesa de aguacate

1 aguacate
un puñado pequeño de hojas de perejil, con sus tallos
2 cucharadas de aceite de oliva virgen extra
2 dientes de ajo
sal marina y pimienta negra recién molida

Tritura todos los ingredientes juntos en el vaso de nuestra batidora y rectifica de sal si fuera necesario.

Sojanesa

VERO · Si buscas una salsa ideal para el verano, que no lleve huevo y que sea fácil de preparar, aquí tienes tu salsa perfecta. La lecitina presente en la bebida de soja le confiere una textura cremosa y consistente, pero asegúrate de que está a temperatura ambiente para que ligue con los demás ingredientes.

100 ml de bebida de soja a temperatura ambiente
½ ajo pequeño
200 ml de aceite de oliva suave
1 cucharada de zumo de limón
½ cucharadita de sal marina

CANCIÓN: *Teardrop* – Massive Attack

En el vaso de la batidora de mano, vierte la bebida de soja, el ajo y el aceite. Introduce la batidora de mano, apóyala en el fondo del vaso y empieza a batir a la velocidad más lenta sin moverla.

Si la batidora lo permite, ve incrementando poco a poco la velocidad. Así evitarás que se forme espuma.

Cuando haya emulsionado, añade el limón y la sal, y bate un poco más. Prueba y rectifica de sal si es necesario.

Salsa rosa noventera

CARO · Hay quien cree que la salsa rosa es solo kétchup y mayonesa. En parte es cierto, pero una verdadera salsa rosa, la auténtica y genuina, la que sirven en esos restaurantes donde todavía tienen cóctel de gambas en el menú, lleva muchos más ingredientes.

La he bautizado así porque no puede ser más de los años noventa. Creo que todos los libros de cocina de esa década tienen algún plato con salsa rosa y ahora está absolutamente demodé sin que lo merezca. Porque ¿existe algo más delicioso que una buena salsa rosa?

mayonesa básica (página 36)
½ cucharadita de tabasco (o 2 si eres de los valientes, como yo)
1 cucharadita de salsa Worcestershire (la típica es de la marca Lea & Perrins)
2 cucharadas de kétchup
1 cucharadita de brandy o jerez (opcional)
sal marina y pimienta negra recién molida

CANCIÓN: *Enamorado de la moda juvenil* – Radio Futura

Combina todos los ingredientes en un bol y reserva hasta el momento de servir.

NOTA: Puedes añadirle un poco de apio finamente picado para darle un toque especial.

Pasta fresca básica

CARO · ¿Quién no podría vivir comiendo pasta a diario? La pasta, sobre todo cuando preparo la masa en casa, me genera una sensación de bienestar que no se puede comparar con ninguna otra elaboración culinaria. Si has probado la pasta fresca casera, seguramente sabrás de qué hablo, y, si no lo has hecho, esta es tu oportunidad.

Para elaborar la masa, utilizo sémola de trigo duro, como me enseñó mi profesora de cocina italiana, Giovanna, pero también puedes utilizar harina blanca de calidad.

CANCIÓN: *Ma quale idea* – Pino D'Angiò

Un poco de la historia de la pasta y de las mujeres que cuidaban a su tribu

¿Sabías que la pasta casera es un clásico de las regiones de Parma, Módena y Bolonia? De toda Italia, en realidad, pero en estas regiones es muy habitual ver a mujeres estirando la pasta con un rodillo gigante y extendiéndola en finísimas láminas con el mismo esfuerzo con el que yo hago un globo con un chicle, es decir, sin pestañear siquiera.

A estas mujeres se las conocía como *rezdore* en la sociedad rural emiliana. El término varía según el dialecto y la provincia (*rasdora, arzdoura, arzdora*...). A mí me habían contado la historia de estas mujeres que estiraban la masa y transmitían las recetas de generación en generación, pero me costó muchísimo encontrar referencias en internet en español. Así que lancé la pregunta a mis seguidores de Instagram y recibí muchísimos mensajes explicándome la historia de las *rezdore*. Os agradezco a todos y cada uno de los que me escribisteis y preguntasteis a vuestros familiares italianos por la fascinante información que compartisteis conmigo.

He aquí la historia de las *rezdore* (*rezdora*, en singular). Aparte de lo que os he contado más arriba, el origen de la palabra es mucho más antiguo y está vinculado a una figura de gran poder en la sociedad rural emiliana.

«La palabra deriva del verbo latino *regere*, que significa 'dirigir', y se refería a la esposa del *azdour*, es decir, el cabeza de familia. El término está, pues, directamente ligado al concepto latino de *rex*, 'rey' o 'gobernante', y, de manera más general, connota a quien manda; de hecho, la *rezdora* fue la persona que apoyó al *rezdor* en la gestión de la vida familiar diaria administrando el hogar y la unidad familiar (a menudo muy grande) y siendo responsable de todo lo que sucedía dentro de la casa.

La *rezdora*, con su vigor, su inteligencia y su competencia, con su sentido práctico, era una verdadera experta en la resolución de problemas; optimizó recursos, definió prioridades, estuvo atenta a las necesidades de cada miembro de la familia, reguló las relaciones con las instituciones públicas, se ocupó de las relaciones públicas con maestros y condominios. En resumen, ¡era una verdadera supermujer!

La *rezdora* era la columna vertebral no solo de las familias, sino de toda la sociedad. Colaboró en el trabajo en el campo y en la transformación de los productos de la tierra, que muchas veces ayudó a vender en el mercado. Ella era la administradora de la granja familiar. Y si la *rezdora* también destacaba en la cocina, adquiría más valor para su familia. Por ejemplo, era invitada por otras familias cuando había que preparar una cena de boda, igual que se llama hoy día a los mejores chefs para el *catering* de una boda.

Con el tiempo y con la desintegración de las familias numerosas, el término *rezdora* ha perdido su connotación jerárquica, manteniendo la más folclórica». *www.sfogliarina.it*

Las recetas más antiguas que se han conservado de las *rezdore* hacen referencia a la *cucina povera* (cocina pobre) propia de la época, por ejemplo, pasta e *fagioli* (pasta con judías) y *le crescentine* (el pan típico de la zona). La *rezdora* freía los *crescentine* y se los llevaba con unas cebolletas a los campesinos.

CONTINÚA...

Todos los platos solían hacerse a base de hojaldres porque eran más baratos. Eran habituales los *maltagliati*, una pasta parecida a los *tagliatelle* pero más corta. Los *tagliatelle* con ragú de carne se reservaban para las ocasiones especiales. La sopa recibía el nombre de *vedova* (viuda), porque apenas llevaba acompañamiento. La polenta era imprescindible, y prácticamente se comía a diario.

Unas dos veces al año, de manera extraordinaria, se preparaban *tortellini* a última hora de la tarde, cuando estaba toda la familia reunida. La víspera, la *rezdora* estiraba la masa y, todos juntos, tanto hombres como mujeres, ayudaban a cerrar los *tortellini*. Estos se dejaban reposar en una habitación fría tapados con un paño, listos para consumir al día siguiente. La región de Emilia-Romaña aún conserva esta tradición.

Cómo elaborar la masa básica para la pasta

La norma principal para hacer masa de pasta es que cada 100 g de harina que utilicemos nos dará para una ración de una persona (con opción a repetir). Si es para hacer pasta rellena, estos 100 g nos darán para dos raciones. Si vas a cocinar para 4 personas, calcula unos 300 g de harina.

La receta es bien sencilla: por cada 100 g de mezcla de harinas (solemos mezclar sémola y harina integral), se añade 1 huevo. Así que, para 300 g de harina, necesitaremos 3 huevos, y para 400 g de harina, 4 huevos.

PARA 400 G DE PASTA

200 g de harina de sémola
200 g de harina integral molida a la piedra
4 huevos ecológicos
1 cucharada de aceite de oliva virgen extra
una pizca de sal

Coloca la harina sobre una superficie de madera o mármol. Forma un volcán de harina y haz un agujero en el centro. Añade el aceite de oliva y los huevos. Bate los huevos y el aceite con un tenedor o con los dedos, según lo valiente que seas, y, poco a poco, incorpora la harina, de fuera hacia dentro, a la mezcla.

No te asustes si ves que la masa parece seca y se rompe. Sigue amasando y presionando la masa contra la superficie con la base de la mano. Necesitarás unos 7-10 minutos para conseguir que quede perfecta. Si tienes amasadora, puedes utilizarla con el accesorio del gancho o la pala. Si ves que la harina no termina de incorporarse bien, puedes añadir un poco de agua a la masa, una cucharada cada vez, asegurándote de amasar bien antes de añadir más.

Cuando obtengas una masa lo suficientemente flexible, suave y húmeda, forma una bola con ella y envuélvela en papel film o guárdala en un recipiente hermético. Déjala reposar unos 30 minutos fuera de la nevera en el caso de utilizarla inmediatamente. Puedes dejarla toda la noche en la nevera y cocinarla al día siguiente.

En el momento de preparar la pasta, enharina la superficie de trabajo y amasa con fuerza durante otros 5 minutos.

Cómo estirar la pasta

Con máquina para estirar pasta

Divide la masa en dos partes. Enharina la superficie de trabajo y espolvorea unos paños limpios de cocina con harina. En estos trapos reposará la masa una vez estirada, para evitar que se pegue a la superficie de trabajo.

Estira una de las partes de la masa con las manos e introdúcela en la máquina para estirar pasta en la posición más ancha. Dobla la masa por la mitad y vuélvela a pasar por la máquina en la posición inmediatamente inferior (debes bajar cada vez una posición). Espolvorea siempre la pasta con harina antes de pasarla por la máquina. Repite hasta llegar a la posición más estrecha o hasta que la pasta tenga el grosor deseado (a mí me gusta muy fina).

Deja reposar la lámina de pasta sobre el paño enharinado y repite la operación con la otra mitad de masa.

Cómo cortar la pasta

Si tu máquina de pasta tiene opción para *tagliatelle* o espagueti, pasa la pasta por el cortador que quieras.

Si tu máquina no tiene estos accesorios, prepara una superficie bien enharinada y espolvorea bien todas las láminas de la pasta estiradas.

Dóblalas por ambos lados hacia dentro, formando dos pliegues (punta derecha hacia el centro, punta izquierda hacia el centro) de forma que ambas puntas se toquen. Espolvorea con harina de nuevo.

Con la ayuda de un cuchillo grande y afilado, corta de punta a punta la pasta en tiras del grosor que desees.

Esta pasta suele necesitar unos 3-4 minutos de cocción. Sabremos que está al dente cuando empiece a flotar. Nunca pases la pasta cocida por agua, a menos que vayas a hacer una receta fría, como una ensalada. Reserva siempre un poco de agua de cocción para la receta.

Cómo cocer la quinoa

CARO · Aunque seguramente creas que se parece al arroz o al cuscús, la quinoa es un superalimento bien distinto. En primer lugar, es un pseudocereal, pues se trata de una semilla. Tiene un alto contenido proteico y aminoácidos esenciales, y es rica en minerales, vitaminas y fibra.

Para cocinar la quinoa sin que sepa a serrín, son importantes algunos trucos muy sencillos. La diferencia entre una quinoa perfecta o una pastosa radica en el punto de cocción, como con el arroz y la pasta, pero deberás tener en cuenta también la cantidad de agua que utilices.

Lo primero que hay que saber es que la quinoa debe quedar suelta y al dente, ni muy dura ni demasiado blanda. Es habitual oír que debes lavar la quinoa antes de cocinarla, pues tiene saponinas (lo que le da ese sabor amargo que tanto molesta). Lo que generalmente se ignora es que casi todas las marcas que comercializan quinoa la lavan antes de empaquetarla. Pero, para salir de dudas, un pequeño truco consiste en chupar un par de granos: si saben a jabón, lávala; de lo contrario, ya puedes cocinarla.

CANCIÓN: *Las flores* – Benjamín Amadeo

Preparación paso a paso de la quinoa perfecta

PASO 1: TOSTAR

Tuesta la quinoa (sobre todo si la has lavado antes: con ello conseguirás secarla bien y que luego no quede pegajosa. Con un par de vueltas en la sartén a fuego alto (puedes añadir aceite de oliva para que no se pegue) será suficiente. Luego, deja que se enfríe.

PASO 2: COCER *(con agua, caldo o agua con un chorrito de tamari)*

Diga lo que diga el fabricante, hazme caso: nunca utilices el doble de agua que de quinoa. Es mejor empezar quedándote corto de agua. A mí me gusta la proporción 1:1½ (por cada taza de quinoa, una taza y media de agua). Cuando empiece a hervir, baja el fuego al mínimo, tapa y cuece unos 13 minutos. Cada vez que veas que se queda sin agua, añade un par de cucharadas.

PASO 3: REPOSAR

Una vez que se haya absorbido todo el líquido y que la quinoa esté al dente, vuelve a tapar y deja reposar 3-5 minutos fuera del fuego.

PASO 4: AIREAR

Abre la tapa y airea la quinoa con un tenedor. Puedes añadir aceite de oliva virgen extra en este punto para ayudar a separarla.

PASO 5: RETOSTAR

Vuelve a tostar la quinoa en una sartén a fuego alto con un chorro de aceite de oliva virgen extra.

Preparación rápida de la quinoa

Pon abundante agua con sal a hervir, añade la quinoa, baja ligeramente el fuego, cuece 13-15 minutos y escurre en un colador (sin pasar por agua). Enfría sobre un bol bien grande para que no se cueza demasiado con su propio vapor (cuanto más ancho sea, mejor, así se evaporará bien).

Caldo vegetal y potitos de verduras para los peques

CARO · Estas dos recetas van juntas por la sencilla razón de que ambas se preparan en la misma cocción. Es decir, de la cocción de los potitos, con el líquido sobrante de estos, sale un caldo delicioso.

Esta receta es muy básica; siéntete libre de cambiar los vegetales de la lista por los que tengas en la nevera o cualquier otro de temporada. No prescindas de las zanahorias, la cebolla ni el apio, estos darán al caldo un toque irresistible.

PARA 1,5 L DE CALDO Y 4 POTITOS

1 cebolla blanca, troceada grande
1 diente de ajo, picado
2-4 tallos de apio, troceados
4 zanahorias, peladas y cortadas en trozos grandes
½ lata (200 g) de tomate pelado (también puedes usar tomates enteros)
un puñado pequeño de judías verdes, cortadas por la mitad
1 calabacín, troceado
1 patata, cortada por la mitad
una hoja de laurel
una cucharada de tomillo fresco o seco
1 cucharada de aceite de oliva virgen extra
2 l de agua, suficiente para cubrir las verduras y un poco más

OPCIONAL

Puedes añadir cualquier verdura que tengas en la nevera: calabaza, champiñones, puerro… y también puedes prescindir de alguna de ellas. Yo prefiero no añadir ningún tipo de proteína porque así puedo variar; a veces acompaño los potitos de garbanzos, pescado o incluso lo mezclo con arroz integral.

CANCIÓN: *Al amanecer* – Los Fresones Rebeldes

En una olla, rehoga la cebolla y el ajo junto con la cucharada de aceite de oliva virgen extra hasta que la cebolla esté transparente. Añade el apio, saltea 2 minutos y agrega el resto de ingredientes. Sube el fuego y lleva a ebullición. Baja el fuego, tapa y cuece unos 30 minutos.

Cuela el caldo, desecha el laurel y guárdalo en tarros herméticos, preferiblemente de cristal. Mételos en nevera, donde se conservarán hasta 1 semana.

Para preparar los potitos, tritura las verduras con la batidora (te aconsejo que no las tritures demasiado: en casa estamos acostumbrados a los trocitos, los hilitos y otros tropezones, así que mejor con textura que hipertriturado).

Si la papilla queda muy espesa, añade un poco de caldo, pero mejor quedarse corto que pasarse, porque no hay vuelta atrás (podrías hervir una patata y añadirla, pero es una faena).

CONSERVACIÓN: Puedes congelar tanto el caldo como los potitos.

Masa de galettes y crêpes

CARO · Si has viajado al norte de Francia, concretamente a la región de Bretaña, habrás escuchado el término *galette* más de una vez. En la parte oriental de la región francesa de Bretaña, llamada Haute-Bretagne o Pays Gallo, se habla de *galettes de sarrasin* (*galettes* de trigo sarraceno). Allí les gustan esponjosas y un poco gruesas. Están hechas 100 % de trigo sarraceno. En la Bretaña occidental (Basse-Bretagne o Baja Bretaña), se llaman *crêpes de blé noir* (crêpes de trigo negro) y los lugareños las prefieren finas y más crujientes, por lo que añaden un poco de harina de trigo y un huevo a la masa. Durante el viaje, estuve en uno de los bares más conocidos por sus *galettes*, el Breizh Café, y allí aprendí estas recetas que hoy comparto contigo.

Esto es lo que necesitas para hacer una auténtica *galette* bretona: buena harina de trigo sarraceno molida a la piedra, una crepera o sartén de hierro grande antiadherente, redonda y plana, sobre la que extender la masa con una espátula de madera, y unas 12 horas para dejar reposar la masa. Puedes preparar la masa la víspera y hacer las *galettes* la mañana siguiente.

Solo hay una cosa que debes tener en cuenta: si tu sartén no llega a los 280 ºC de temperatura (es posible que las sartenes caseras no lleguen a tanta temperatura), debes sustituir parte de la harina de sarraceno por harina de trigo normal (preferiblemente, molida a la piedra), reemplazando la misma cantidad de la harina sustituida.

Au Moulin de la Fatigue
FARINE
DE BLE NOIR
de Bretagne

Masa de galettes

PARA UNAS 8 GALETTES

330 g de harina de trigo sarraceno orgánica molida a la piedra
10 g de sal gruesa
750 ml de agua filtrada
1 huevo ecológico
mantequilla, para engrasar la crepera o sartén

OPCIONAL: *Puedes elegir entre varios aditivos: un poco de agua con gas, o cerveza, sidra o cualquier bebida fermentada que airee la masa. Esto debe agregarse reemplazando la misma cantidad de agua.*

CANCIÓN: *Because the Night* – Patti Smith

Mezcla la harina de trigo sarraceno con la sal y ve añadiendo el agua mientras bates a mano, tan enérgicamente como puedas para que entre aire, hasta que aparezcan burbujas en la superficie.

Cuando la masa esté lo bastante suave, añade el ingrediente opcional de tu elección (huevo, agua con gas, etc.), mezcla nuevamente hasta que esté suave y deja reposar como mínimo durante 2 horas en la nevera (lo ideal serían 12 horas: toda la noche).

Al día siguiente, si es posible, saca la masa de la nevera al menos 1 hora antes y añade un poco de agua si crees que es necesario. La masa debe estar a temperatura ambiente cuando empieces a cocinar las *galettes*.

La crepera tiene que estar muy caliente. Cuando esté lista, unta toda la superficie con mantequilla y esparce la masa. Para una crepera profesional, necesitas ⅔ de taza (150 g) de masa, y casi ½ taza (120 g) para una crepera doméstica o sartén. Extiende la masa con la espátula y añade un dadito de mantequilla sobre la *galette*. Cocina durante 1 minuto, rellena con los ingredientes de tu elección (tienes una receta riquísima en la página 107), espera otro minuto y dobla la *galette* en un triángulo o un rectángulo (según indique la receta). El tiempo total de cocción de una galette es de 3 minutos.

Masa de crêpes

PARA UNAS 9 CRÊPES

3 huevos ecológicos
40 g de azúcar de caña o azúcar de coco
500 ml de leche
250 g de harina de trigo ecológica de Bretaña, molida a la piedra
mantequilla salada, para engrasar la crepera o sartén

OPCIONAL: *1 vaina de vainilla, 1 cucharada de Grand Marnier o ron, ralladura de cítricos, mantequilla dorada... lo que quieras*

CANCIÓN: *Di doo dah* – Jane Birkin

En un bol, pon los huevos, el azúcar y un par de cucharadas de leche, y bate a mano enérgicamente hasta que estén mezclados.

Agrega la harina, removiéndola muy suavemente (de momento no te preocupes por los grumos).

Añade el resto de la leche, cuela con un colador de malla fina (ahora es cuando hay que tener cuidado con los grumos) y agrega el ingrediente opcional de tu elección.

A diferencia de la masa de *galettes*, la de trigo de las *crêpes* se puede cocinar inmediatamente.

La crepera debe estar muy caliente, a 250 ºC, como para las *galettes*, aunque las *crêpes* también se pueden hacer en una sartén. Son más delgadas que las *galettes*; la cantidad de masa para una crepera profesional debe ser unos 100 g; para una doméstica, entre 60 g y 80 g; y en una sartén, unos 50 g.

La técnica de cocción es la misma que la de la *galette*, pero más rápida: 2 minutos de cocción en total. Agrega una cantidad generosa de mantequilla ligeramente salada a la sartén o crepera y extiende la masa de la sartén hasta que quede bien repartida.

Si la vas a rellenar, no será necesario darle la vuelta. Coloca el relleno de tu elección dentro de la *crêpe* y dóblala como más te guste. Si la vas a tomar sola, dale la vuelta al cabo de 1 minuto de cocción y deja que se cocine 1 minuto más.

Mermelada de albaricoque del Museo de la Confitura

CARO · Mucha gente cree que las mermeladas requieren largas horas de cocción, y no les falta razón: una buena mermelada necesita una buena dosis de paciencia, otra dosis de amor y una mano que esté constantemente removiendo la fruta y transmita esa pasión por la cocina que se respira en la fábrica artesanal del Museo de la Confitura. Tuve la suerte de poder visitar sus cocinas en el Empordà y descubrí por qué sus mermeladas son las mejores del mundo: no las hacen máquinas, sino mujeres que, durante horas, cocinan esas frutas con todo el amor del mundo.

Me regalaron la receta de su mermelada secreta de albaricoque y yo la comparto con vosotros (¡shhhh, no se lo digáis!).

Si quieres que esta mermelada quede absolutamente perfecta, prepárala en junio: es la época en la que los albaricoques están en su estado óptimo. De todos modos, la temporada va desde mayo hasta julio.

SALE 1 TARRO MEDIANO

1 kg de albaricoques
150 g de azúcar de coco (la receta original lleva 500 g de azúcar blanco, pero he probado a hacerla con 100-150 g de azúcar de coco y es más que suficiente)
el zumo y la piel de 1 limón

CANCIÓN: *C'est la ouate* – Caroline Loeb

La víspera, deshuesa los albaricoques partiéndolos por la mitad. Cúbrelos con azúcar de coco y déjalos macerar durante toda la noche (la mermelada es una terapia para aprender a tener paciencia). Si no tienes tiempo, con dos horas de maceración será suficiente.

Pasado este tiempo, los albaricoques habrán soltado todo su jugo. Cuécelos en una cazuela a fuego lento, tapada, durante 15 minutos. Verás que se ablandan y empiezan quedar transparentes.

Retira la fruta con una espumadera y resérvala en un cuenco al lado del fuego. Deja reducir el líquido más o menos a la mitad y vuelve a echar los albaricoques.

Añade el zumo y la piel de limón y cuece 10 minutos más, removiendo continuamente con una cuchara de madera para que no se pegue. Con el tiempo, sabrás encontrar el punto exacto de cocción de la mermelada sin mirar el reloj. Apaga el fuego y deja enfriar en la misma cazuela. Retira la piel del limón y la espuma que haya quedado en la superficie.

CONSERVACIÓN: Guarda la mermelada en tarros de cristal en la nevera, donde se conservará durante aproximadamente un mes.

Mermelada de naranja y jengibre

VERO · A esta receta le tengo mucho cariño porque es la favorita de mi padre. En casa de mis padres, no hay día que no se desayune una tostada con un buen chorro de aceite de oliva, a la que mi padre le añade esta mermelada. Me parece una combinación genuina y potente, y es que, si digo pan de pueblo, mermelada de naranja y aceite de oliva virgen extra, ¿quién puede resistirse a probarlo?

SALE 1 TARRO GRANDE

800 g de naranjas valencianas
la piel de 2 naranjas sin la corteza blanca, cortadas en juliana muy fina
150 g de azúcar de dátiles
100 g de miel ecológica
½ limón exprimido
un trozo de 2 cm de raíz de jengibre fresco, pelado y rallado
una pizca de sal

CANCIÓN: *La guerrilla de la concordia* – Jorge Drexler

Pela las naranjas, desecha la corteza y córtalas en dados. Pon las naranjas en una cazuela junto con la corteza de naranja, el azúcar, la miel, el zumo de limón, el jengibre rallado y la sal.

Deja que se cocine a fuego lento durante 30 minutos, removiendo de vez en cuando con una cuchara de madera para que no se pegue. Si ves que, pasado ese tiempo, la mezcla todavía queda muy líquida, déjala al fuego unos minutos más, hasta que tenga la consistencia deseada.

Cuando veas que está en su punto, retira la cazuela del fuego y vierte la mermelada en tarros de cristal esterilizados para conservarla.

CONSERVACIÓN: Guarda la mermelada en tarros de cristal en la nevera, donde se conservará durante aproximadamente un mes.

NOTA: Si no quieres utilizar azúcar, puedes endulzar la mermelada sustituyendo el azúcar por eritritol y la miel por caramelo de dátiles.

Mermelada de higos y semillas de chía

VERO · La mermelada de higos es una de las cosas más ricas y fáciles de preparar cuando es temporada de esta fruta tan versátil y sabrosa. Me gusta recordar a mi abuela cogiendo higos en su delantal, volcarlos sobre la mesa, partirlos con las manos e írselos comiendo. Antes siquiera de probarlos, yo había empezado a saborearlos a través de ella. Para mí el verano está asociado a los higos y al queso. Me encanta acompañar una tarta de queso con esta mermelada, una tostada con queso crema, incluso poner botecitos de esta mermelada en una tabla de quesos curados, pues es el complemento perfecto. Cabe añadir, como curiosidad, que en el folklore judío la higuera es emblema de paz, prosperidad y seguridad familiar.

SALE 1 TARRO GRANDE

1 kg de higos maduros
el zumo de 1 limón grande
100 g de azúcar o eritritol
una pizca de sal
20 g de semillas de chía

CANCIÓN: *Days of Our Lives* – Stay Homas

Lava y seca con cuidado los higos maduros y pélalos. Colócalos en una cazuela, añade el zumo de limón, el azúcar y la pizca de sal, y cháfalos ligeramente con una cuchara para que vayan soltando su jugo.

Enciende el fuego y cocínalos a fuego medio mientras sigues machacando. Los higos soltarán su jugo, pero, si consideras que necesitan más líquido, añade medio vaso de agua.

Baja el fuego y cuece unos 25 minutos hasta que los higos estén completamente deshechos y la mezcla tenga una textura espesa.

Retira la cazuela del fuego, añade las semillas de chía y remueve bien. Deja que se enfríe: la chía espesará los higos y les dará una textura de mermelada.

CONSERVACIÓN: Guarda la mermelada en tarros de cristal en la nevera, donde se conservará durante aproximadamente un mes.

Caramelo de dátiles

CARO · Los dátiles son, seguramente, la mejor alternativa al azúcar que puedas imaginar: son una forma natural de endulzar cualquier postre. Puedes añadirlos directamente a tus recetas o bien preparar este delicioso caramelo de dátiles, que puedes añadir a bebidas vegetales, yogur con granola y mermeladas o utilizar en recetas de postres como bizcochos, *muffins* o tartas.

SALE 1 TARRO PEQUEÑO

200 g de dátiles, deshuesados
200 ml de agua hirviendo

CANCIÓN: *Sex Machine* – James Brown

Pon los dátiles deshuesados en el vaso de la batidora, añade el agua hirviendo y tritura hasta conseguir una crema suave y fina.

CONSERVACIÓN: Pon el caramelo de dátiles en un tarro de cristal y déjalo enfriar antes de guardarlo en la nevera, donde se conservará durante 2-3 meses.

CARAMELO DE DATIL

Crema de cacao y avellanas

CARO · Desde que creé mi primer blog de recetas, en 2010, creo que habré probado más de 20 recetas de crema de cacao y avellanas casera. La búsqueda de la Nutella perfecta parece ser algo que toda bloguera de repostería ansía. Mi querida Lore, del blog *datesandavocados.com*, hizo un directo desde su cuenta de Instagram explicando cómo la prepara ella, y yo adapté su versión para elaborar esta sin azúcar, apta para las dietas cetogénica y baja en carbohidratos. De todas maneras, siéntete libre de sustituir el endulzante por azúcar de coco o caramelo de dátiles (página 58); solo tendrás que ajustar un poco las cantidades a ojo. Procura empezar con poca cantidad para no pasarte: siempre puedes rectificar con algo más de dulzor al final del proceso.

Ten en cuenta que el azúcar endulza más que el eritritol, por lo que necesitarás menos cantidad de azúcar (1 medida por cada 1½ de eritritol).

SALE 1 TARRO

130 g de mantequilla de avellanas (ver página siguiente)
½ taza de eritritol o sirope de arce (según puedas o no tomar azúcar)
½ taza de bebida de avellanas (página 65)
140 g de cacao en polvo
60 ml de aceite de oliva virgen extra
15 ml (3 cucharadas) de manteca de cacao derretida
1 cucharadita de extracto de vainilla
una pizca de sal marina

CANCIÓN: *Star Man* – David Bowie

Si utilizas eritritol, tritúralo antes en una batidora hasta que se convierta en polvo (tipo azúcar glas) y reserva. Sáltate este paso si vas a usar sirope de arce.

Bate el eritritol o sirope de arce junto con la bebida de avellanas. Añade el resto de ingredientes y sigue triturando hasta obtener la crema de cacao perfecta.

CONSERVACIÓN: Si consigues no acabártela en una sola tarde, guarda la crema en un tarro hermético en la nevera. Es normal que se endurezca, así que sácala un rato antes de consumirla o bien caliéntala al baño maría, removiendo bien para que no se separen los ingredientes.

Mantequilla de avellanas

CARO · Puedes elaborar esta receta con cualquier fruto seco: a nosotras nos encantan las mantequillas de almendras, semillas de girasol, anacardos, cacahuetes...

La mantequilla de frutos secos se puede utilizar en un sinfín de recetas, tanto aliños como galletas, sándwiches o batidos. En este libro la utilizaremos para varias recetas. En casa, la favorita es, sin duda, la de Nutella saludable que encontrarás en la página 61, y estamos seguras de que en la tuya también causará furor.

SALE 1 TARRO PEQUEÑO

135 g (1 taza) de avellanas crudas
una pizca de sal marina

CANCIÓN: *Ojalá* – Silvio Rodríguez

Precalienta el horno a 180 ºC sin ventilador con calor arriba y abajo.

Coloca las avellanas en una bandeja de horno forrada con papel de hornear e introdúcelas en el horno durante 15 minutos.

Cuando estén ligeramente tostadas, retira la bandeja del horno y, todavía calientes, envuelve las avellanas en un trapo. Frota enérgicamente para que se desprenda la piel (es importante que las avellanas estén lo más peladas posible para que la textura de la crema sea perfecta).

Mete las avellanas aún calientes en la batidora junto con una pizca de sal. Es conveniente que la batidora sea potente, preferiblemente de 1000 w, como mínimo.

Tritura durante unos 5-10 minutos, hasta que obtengas una consistencia líquida. Abre la tapa y limpia las paredes de la batidora varias veces para evitar que queden grumos. Este proceso requiere paciencia: no te preocupes si la crema no se vuelve líquida. Al principio tendrá un aspecto harinoso, luego se convertirá en una especie de pasta y, al cabo de un rato, milagrosamente, la crema llegará a ser líquida. ¡Es una pasada!

Separa la mitad de la crema, guárdala en un tarro hermético y el resto resérvalo para preparar crema de cacao y avellanas (página anterior).

Bebidas vegetales

CARO · Las bebidas de frutos secos o semillas son un básico en toda cocina «saludable». Puede que te dé pereza prepararlas al principio, pero, una vez las incorpores en tu ritual semanal, las harás de forma totalmente mecánica, casi sin darte cuenta.

El paso indispensable para preparar cualquier bebida vegetal es remojar previamente los frutos secos para activarlos. Esto se hace por varias razones: para limpiarlos, para reblandecerlos (lo cual facilitará el proceso de triturado) y, la más importante, para neutralizar el ácido fítico, que es un inhibidor enzimático que dificulta la absorción de nutrientes.

En principio, con 6-8 horas de remojo bastaría para que se activen, pero lo ideal es dejarlos en remojo durante toda la noche, en la nevera.

Puedes poner en remojo los frutos secos los domingos y/o los miércoles por la noche y preparar 2 botellas de bebidas vegetales al día siguiente. Así siempre tendrás alguna bebida bien rica en la nevera. Planifica si necesitas más para tus recetas de postres.

SALE UNOS 750 ML

1 taza de frutos secos o semillas, remojados durante unas 6-8 horas (mejor si es durante toda la noche; si es así, déjalos en la nevera)
750 ml (3 tazas) de agua filtrada o de botella
una pizca de sal rosa

CANCIÓN: *Love You For a Long Time* – Maggie Rogers

Escurre y aclara bien los frutos secos con agua filtrada o embotellada, y desecha el agua que hayas usado para remojarlos.

Coloca los frutos secos en el vaso de la batidora junto con una taza de agua filtrada y una pizca de sal rosa. Bate durante unos 50 segundos, añade el agua restante y tritura otros 10 segundos más, o un poco más si tu batidora no es muy potente.

Coloca una bolsa de filtrado o un trapo fino y limpio en un bol grande. Si utilizas un trapo, asegúrate de que no se haya lavado con suavizante; en ese caso, puedes mojarlo de nuevo con agua bien caliente para eliminar posibles restos de jabón.

Vierte el contenido de la jarra en la bolsa vegetal o en el centro del trapo. Cierra y aprieta bien el contenido para extraer el líquido, de manera que quede solo la pulpa del fruto seco en el interior de la bolsa o trapo.

Vierte la bebida vegetal en un recipiente hermético, preferiblemente de vidrio.

CONSERVACIÓN: Marca el recipiente con la fecha de preparación y guárdalo en la nevera, donde la bebida se conservará hasta 3 días.

Polos de yogur y frutos rojos

CARO · Esta receta la puedes preparar con los frutos rojos que más te apetezcan. Queda genial con arándanos, frambuesas y moras... Incluso podrías hacer una versión sin azucar reemplazando el sirope de arce por eritritol u omitir el endulzante por completo.

Es una opción sanísima y deliciosa para refrescarse en verano, a los niños les encantará y, además, comerán fruta y yogur.

PARA UNOS 12 POLOS

850 g (3 tazas) de yogur griego (denso)
125 ml (1 taza) de sirope de arce o cualquier otro endulzante que prefieras
1½ cucharaditas de extracto de vainilla
500 g de frutos rojos congelados (fresas, frambuesas o lo que más te guste)

CANCIÓN: *Hey Ya!* – OutKast

Bate el yogur, el sirope de arce y la vainilla en una batidora hasta que estén bien mezclados. Reserva.

En el mismo vaso de la batidora, sin lavar, echa los frutos rojos congelados y tritura bien hasta conseguir una pasta, a la que puedes añadirle un poco de sirope o eritritol si te gusta más dulce.

Rellena tus moldes de polos por capas, intercalando yogur y frutos rojos, formando ondas con la ayuda de un palillo o un cuchillo para darle formas originales.

Coloca el palo en el molde y congela durante al menos 5 horas.

Lemon curd

CARO · Una vez que pruebes esta crema de limón, nos vas a amar para el resto de tu vida, palabra. Me encanta preparar una buena cantidad de *lemon curd* y tenerlo en un recipiente hermético en la nevera para añadírselo a cualquier plato dulce que se me antoje: desde un helado de vainilla o un *pudding* de chía hasta el *porridge* del desayuno.

Insisto en que la calidad de los ingredientes es siempre imprescindible, pero en esta receta todavía más. Intenta que los huevos, la mantequilla y el limón sean ecológicos y de proximidad.

SALE 1 TARRO GRANDE

2 huevos ecológicos y 2 yemas de huevo (puedes reservar las claras de huevo para preparar pancakes)
80 ml (⅓ de taza) de sirope de arce
125 ml (½ taza) de zumo de limón
la ralladura de 1 limón orgánico
130 g de mantequilla sin sal, cortada en dados (también puedes usar aceite de coco)

CANCIÓN: *Girls Just Wanna Have Fun* – Cindy Lauper

En un bol, pon los huevos y las yemas, el sirope de arce y el zumo y la ralladura de limón, y bate con unas varillas.

Pasa la mezcla a un cazo mediano y calienta a fuego bajo, removiendo bien con una cuchara de madera hasta que empiece a coger un poco de temperatura (unos 2 minutos).

Añade la mantequilla poco a poco, removiendo sin parar con la cuchara de madera, hasta que esta se funda por completo.

El *lemon curd* estará listo cuando de repente se vuelva denso: lo sabrás porque, al retirar la cuchara de la mezcla, quedará en ella una capa gruesa de crema. Asegúrate pasando el dedo por la cuchara: si la crema está lista, en la cuchara quedará la marca del dedo. No te pases de cocción, pues los huevos cuajarán y, en vez de una crema suave, tendrás huevos revueltos.

Cuela la crema con un colador de malla fina para eliminar los restos de la ralladura de limón y que quede perfectamente lisa, y viértela sobre un tarro limpio.

CONSERVACIÓN: Guarda el *lemon curd* en la nevera en un recipiente hermético, donde se conservará hasta 2 semanas.

BEBIDAS Y SMOOTHIES

Bebida de anacardos y vainilla

CARO · Esta fue de las primeras recetas que le preparaba a mi hijo Lucas, con el que empecé a experimentar con especias, frutos secos, endulzantes naturales... Se prepara superrápido, pero debes prever las 4 horas que los anacardos tienen que estar en remojo (este paso es importante para activar los frutos secos y lograr que sean más fáciles de digerir y nuestro organismo asimile sus nutrientes).

PARA 1 RACIÓN

½ taza de anacardos (previamente remojados en agua durante al menos 4 horas)
370 ml de agua filtrada
las semillas de ⅛ de vaina de vainilla (o ½ cucharadita de extracto de vainilla)
½ cucharadita de canela en polvo
1 dátil medjool, deshuesado

CANCIÓN: *Otherside* – Red Hot Chili Peppers

Lava los anacardos en agua fría y tritúralos en la batidora junto con la mitad del agua filtrada durante unos 30 segundos. Añade el resto de ingredientes y sigue batiendo durante unos 2 minutos más. Puedes echar una pizca pequeña de sal para potenciar el sabor.

Puedes tomar esta bebida inmediatamente o bien filtrarla en una bolsa de bebidas vegetales o pasarla por un colador. En casa nos gusta sin filtrar, y en verano con mucho hielo.

Vierte la bebida en un recipiente hermético, preferiblemente de vidrio.

CONSERVACIÓN: Marca el recipiente con la fecha de preparación y guárdalo en la nevera, donde se conservará 2-3 días.

Bebida de chocolate con avellanas

CARO · ¿Alguna receta que te venga a la cabeza que lleve cacao, avellanas y... azúcar? ¡Ajá! Avellanas y chocolate, un *marriage made in heaven*, una de estas combinaciones que nos traslada a la infancia. En casa éramos de Nocilla y todavía recuerdo las tardes de verano preparando los bocadillos con mis vecinos de la comunidad. Ahora mismo solo puedo pensar en la cantidad de azúcar que nos metíamos entre pecho y espalda, pero oye, ¿y lo felices que crecimos?

Esta receta es de un batido, pero la de crema de chocolate y avellanas casera y saludable la puedes encontrar en la página 61. Para preparar esta bebida, sigue la receta de bebidas vegetales de la página 65 y añádele los demás ingredientes de la lista.

SALE MÁS DE 1 L

1 l de bebida de avellanas casera (ver página 65)
2 cucharadas de tahini o mantequilla de avellanas
2 dátiles medjool
1 plátano congelado
4 cucharadas de cacao crudo en polvo
una pizca de sal

CANCIÓN: *Paraules d'amor* – Joan Manuel Serrat

Introduce 250 ml de la bebida vegetal de avellanas en tu batidora junto con el resto de ingredientes y bate bien. Cuando ya no queden restos de dátiles ni plátano, añade el resto de bebida de avellanas y bate hasta que esté bien mezclado.

Sirve bien fría.

CONSERVACIÓN: Marca el recipiente con la fecha de preparación y guárdalo en la nevera, donde se conservará 2-3 días.

Batido de fresas y avena

CARO · Frutos rojos, avena integral, bebida vegetal y nada de azúcar refinado. Este batido puede ser un desayuno rápido o una merienda fresquita de verano. Cambia las fresas por frambuesas si quieres, o incluso arándanos. Cualquier fruto rojo que tengas en la nevera sirve.

PARA 4 RACIONES

300 g de fresas
1 dátil medjool, deshuesado
40 g de copos de avena finos
1 cucharada de anacardos (previamente remojados en agua durante al menos 4 horas)
100 g de yogur griego sin edulcorar
350 ml de bebida vegetal de avena (o la que prefieras)
1 plátano congelado

CANCIÓN: *Ven al laberinto* – Bom Bom Chip

Bate las fresas junto con medio dátil medjool en la batidora y reparte en 4 vasos grandes.

En el mismo vaso de la batidora (no hace falta que lo limpies), añade el resto de ingredientes: la avena, los anacardos escurridos, el yogur, la bebida de avena, la otra mitad del dátil y el plátano congelado. Tritura bien.

Vierte el líquido en los vasos, sobre la base de fresas, procurando que no se mezclen y quede un batido bicolor.

Limonada con jengibre

VERO · La limonada me suena a típica fiesta americana, siempre la imagino en jarras heladas de cristal o en puestos callejeros de las pelis, donde las niñas y los niños (Girls y Boy Scouts) las vendían para comprarse un patinete para el verano con el cartel «Tenemos limonada fresca».

No hay nada más refrescante y apetecible para el verano que la limonada. En mi casa tengo un limonero, y la limonada de la foto de la página siguiente está hecha con sus limones.

Aquí tienes una opción sin azúcar y un poco aromatizada. Espero que te guste, es mi receta infalible para los días de calor.

SALEN 1,5 L

3 limones
1 naranja
1,5 l de agua
2 rodajas finas de jengibre
3 cucharadas de eritritol

CANCIÓN: *Lemon Tree* – Fools Garden

Con ayuda del pelador, retira la piel a los limones y a la naranja, asegurándote de no retirar la corteza blanca, y añádelas al vaso de la batidora. Retira la corteza blanca y deséchala. Corta los limones y la naranja en trozos, y añádelos al vaso de la batidora.

Tritura bien el contenido del vaso de la batidora y añade un par de vasos de agua. Remueve para que se mezcle todo bien.

Con ayuda del colador, cuela el contenido del vaso de la batidora en un recipiente o jarra. Añade el agua restante, las rodajas de jengibre y el edulcorante, y remueve.

Reserva la limonada en el frigorífico y sírvela bien fría, con o sin hielo.

Horchata valenciana

VERO · Antes de quedarme embarazada, la horchata no me gustaba, pero durante el embarazo se convirtió en mi mayor antojo. Bebía, mínimo, un litro al día, y ese antojo me duró hasta la lactancia. Estoy segura de que mi leche debía de saber a horchata de tanta que llegué a tomar, y quizá por eso ahora es también una de las bebidas favoritas de mi hijo, Àlex.

La horchata se elabora con chufas, que, contrariamente a lo que se cree, son tubérculos y no frutos secos, y provienen de una planta con el mismo nombre. A simple vista son redondeadas, irregulares, y rugosas, muy duras, de color marrón por fuera y blanco por dentro, y son ligeramente dulces.

SALE 1 L

1 taza de chufas ecológicas D. O. Chufa de Valencia
1 l de agua filtrada
3 cucharadas de eritritol o del azúcar que más te guste

CANCIÓN: *Te quiero un poco* – Carlos Sadness

Lava las chufas en un recipiente con abundante agua fría, frotándolas unas con otras con las manos, durante 5 minutos. Acláralas y cuélalas.

Pon las chufas y el agua en el vaso de la batidora o robot de cocina y tritura a máxima potencia durante 2 minutos.

Pasa la mezcla por un colador de malla fina y reserva el líquido.

Vuelve a filtrar el líquido, esta vez con una tela o bolsa especial para bebidas vegetales: se perderá un poco de líquido, pero así conseguirás la textura perfecta.

Vierte la horchata en un tarro o botella de cristal y enfríala en la nevera durante un par de horas antes de consumirla bien fresca.

CONSERVACIÓN: Si no la consumes inmediatamente, se conservará en la nevera durante 2-3 días. No te olvides de agitarla justo antes de consumirla.

Leche merengada granizada

VERO · Asocio la leche merengada a mi infancia. Mi madre hacía un litro diario y la guardaba en una jarra hermética de color naranja. Me encantaba que toda la casa oliera a canela y limón, y siempre me comía la capa de nata de la superficie. Mi abuela y mi madre me la servían con azúcar y yo disfrutaba mucho de ese sabor combinado con el azúcar crujiente. Acostumbraban a llamarme cuando la leche estaba lista y, antes de meterla en la nevera, yo era quien la probaba. Siempre me ha podido el ansia con mis cosas favoritas, y esta es una de ellas.

SALE 1 L

1 limón ecológico
1 litro de leche
2 ramas de canela
6 cucharadas soperas de azúcar blanco (unos 90-100 g), o al gusto
canela en polvo, para servir

CANCIÓN: *Azúcar negra* – Celia Cruz

Pela cuidadosamente el limón intentando retirar solo la parte amarilla y dejando la corteza blanca intacta, para evitar así su sabor amargo.

Calienta la leche en un cazo junto con la piel de limón, las ramas de canela partidas por la mitad a lo ancho y la mitad del azúcar. Cuando rompa a hervir, retira el cazo del fuego y deja reposar mientras se templa durante al menos 15 minutos.

Cuela la leche tibia para eliminar los restos sólidos, que puedes desechar, y viértela en un recipiente con tapa y guárdala en la nevera.

Cuando la leche esté completamente fría, congélala. Sácala del congelador y tritúrala con la batidora; repite el proceso de nuevo antes de consumirla. Entre batido y batido pueden pasar unas 2 horas, pero dependerá del tamaño y la forma de tu recipiente. Lo importante es que, si la quieres granizada, llegue a congelarse antes de volver a triturarla. Si no la quieres granizada, deja que se enfríe después de colarla y estará lista para consumir.

Sirve en copas o vasos y espolvorea con canela en polvo por encima.

CONSERVACIÓN: Si no la consumes inmediatamente, guárdala en un recipiente hermético en la nevera, donde se conservará hasta 3 días.

NOTA: Si la prefieres sin azúcar, sustitúyelo por eritritol, estevia o el edulcorante que más te guste.

Frapuccino

VERO · Cuando la gente me pregunta si tomo café, siempre respondo lo mismo: «El mundo no necesita que tome café». Pero lo cierto es que me encanta su sabor y, si no me pusiese como una moto, me tomaría tres al día; tengo la sensación de que me altera hasta el café descafeinado. Aun así, de vez en cuando me doy el capricho en forma de *frappuccino*, y esta es mi forma favorita de prepararlo: fresquito, con mucho hielo y un punto dulce.

PARA 1 RACIÓN

60 ml de café espresso (también puede ser soluble y descafeinado)
70 ml de nata líquida vegetal
3 cucharadas de cacao sin azúcar, y un poco más para espolvorear
30 g de sirope de agave
1 cucharada de extracto de vainilla
cubitos de hielo
nata de coco montada, para decorar (opcional)

NOTA: *Si eres intolerante al gluten, puedes cambiar la bebida de avena por cualquier otra bebida vegetal.*

CANCIÓN: *Tu vuo' fa l'americano* – Renato Carosone

Introduce todos los ingredientes, excepto el hielo, en la batidora y mezcla hasta que queden integrados y de un color homogéneo. Llena un vaso de hielo y sirve la bebida.

Alternativamente, puedes triturar la mezcla con el hielo.

Puedes decorarlo con un poco de nata de coco montada y espolvorear más cacao en polvo por encima.

Chocolate a la taza saludable

CARO · Una vez que pruebes este chocolate caliente, no habrá vuelta atrás. Aunque lleve muchos ingredientes, te será superfácil de preparar y, además, se conserva en la nevera durante varios días, así que puedes ir consumiéndolo a lo largo de la semana, a menos que te lo acabes en una sola tarde, cosa bastante probable.

PARA 4 RACIONES

1 taza (80 g) de anacardos (previamente remojados en agua hirviendo durante 30 minutos)
3 tazas (750 ml) de agua
4 cucharadas de cacao en polvo
5 dátiles deshuesados
½ cucharadita de canela en polvo, o bien ½ cucharadita de mezcla de canela y jengibre en polvo (opcional)
una pizca de sal marina
3 cucharaditas de tahini blanco
½ cucharada de manteca de cacao (opcional)

CANCIÓN: *Pequeño vals vienés* – Sílvia Pérez Cruz

Cuela los anacardos y lávalos bien. Pon el agua a hervir y échala junto con los anacardos y el resto de ingredientes en el vaso de la batidora.

Tritura bien durante 1 minuto a velocidad máxima y sirve bien caliente.

CONSERVACIÓN: Si no lo consumes al momento, viértelo en un recipiente de cristal y guárdalo en la nevera, donde se conservará hasta 3 días.

Batido de «cocodrilo»

CARO · Como imaginarás, esta receta no lleva cocodrilo; es tan solo una forma graciosa que usamos en casa para referirnos a los platos verdes, de los que Lucas no quiso oír hablar durante una época. Fue entonces cuando me inventé tanto la crema como el batido de cocodrilo. Sin embargo, resulta que no funciona con todos los niños: mi hija Maia se echó a llorar la primera vez que le dije que iba a comer una sopa de cocodrilo, así que tuve que contarle la verdad.

PARA 2-3 RACIONES

1 plátano maduro, congelado
30 g de espinacas baby
½ manzana o pera
250 ml de bebida vegetal de avena
1 cucharada de mantequilla de almendras (o cualquier otra mantequilla de frutos secos) o 1 cucharada de aceite de coco
30 g de copos de avena
½ cucharadita de canela en polvo

CANCIÓN: *Verde* – Manzanita

Tritura todos los ingredientes en la batidora hasta que obtengas una mezcla homogénea. Si es necesario, añade agua o más bebida de avena para aclararlo y conseguir la consistencia perfecta.

Si queda muy espeso, se trataría de un *smoothie bowl* y no de un batido para beber, ¡cosa que también me parece una buena opción!

Viértelo en un vaso grande o en una botella y sírvelo con una pajita de caña de bambú o de metal.

DESAYUNOS

Fartons

VERO · Los fartons son unos bollitos cilíndricos y alargados con glaseado de azúcar por encima. Son típicos de Valencia y suelen tomarse acompañados de un vaso de horchata de chufa bien fría. De hecho, idearon su forma alargada y masa ligera con el fin de poder mojarlos completamente en el vaso largo en que se sirve la horchata y que así la absorbieran sin problemas.

Mi recomendación es que sirvas la horchata bien fría y los fartons calentados ligeramente en el horno.

PARA UNOS 10 FARTONS

50 ml de leche sin lactosa
25 g de levadura fresca
300 g de harina de fuerza
1 huevo ecológico
50 ml de aceite de oliva suave
40 g de azúcar
1 cucharadita sal

PARA EL GLASEADO
90 g de azúcar glas
3 cucharadas de horchata
unas gotas de zumo de limón

CANCIÓN: *Libre* – Nino Bravo

Calienta la leche sin lactosa en un vaso en el microondas durante 15 segundos, luego desmenuza la levadura en el vaso y remueve hasta que esté totalmente disuelta.

Tamiza la harina sobre un bol grande. Haz con ella una montaña, practica un agujero en el centro y rompre el huevo en el interior. Añade el aceite de oliva, la levadura disuelta en agua o leche y el azúcar. Esperce la sal por la harina, fuera del centro.

Mezcla todos los ingredientes con las manos o con una amasadora eléctrica hasta que estén perfectamente integrados. Luego, pasa la masa a una superficie ligeramente enharinada y sigue amasando con las manos hasta que obtengas una textura lisa y homogénea.

Forma una bola con la masa y déjala reposar durante 30 minutos en un bol ligeramente engrasado y cúbrela con un paño limpio.

Sobre una superficie enharinada, coloca la bola y forma con ella un rulo grueso. Divídelo en porciones de unos 50 g y déjalas reposar 5 minutos tapadas con el paño.

Sobre una superficie enharinada y con la ayuda de un rodillo, estira las bolitas en rectángulos de unos 15-20 cm de largo. Con las manos, enrolla la masa en espiral, haciendo un canutillo, para dar forma a cada pastelito.

Deja que los fartons fermenten hasta que doblen su tamaño en un lugar con una temperatura ambiente de unos 25 ºC, durante aproximadamente una hora.

Precalienta el horno a 200 ºC y, en el momento de meter los fartons, bájalo a 180 ºC. Hornéalos unos 10 minutos aproximadamente (si ves que cogen demasiado color por arriba, cúbrelos con papel de aluminio tras 5 minutos de cocción).

Mientras, prepara el glaseado. Mezcla el azúcar glas con las 3 cucharadas de horchata y unas gotas de zumo de limón (añádelas de una en una) y remueve hasta conseguir el espesor que deseas.

CONTINÚA...

Cuando los bollitos estén horneados, deja que se enfríen 5 minutos antes de añadirles el glaseado por encima con la ayuda de una brocha de cocina. Déjalos enfriar por completo. Si, al sacarlos del horno, los fartons están un poco pegados los unos con los otros, no pasa nada, es típico que queden así.

NOTA: Para fermentar la masa de los fartons, yo utilizo un truco algo más rápido: caliento el horno a 50 ºC y después lo apago. Entonces, introduzco la masa en el horno apagado y la dejo unos 45 minutos.

Granola de chocolate

CARO · No tardarás más de 5 minutos en preparar los ingredientes para cualquier receta de granola. Así que no hay excusas para que tú y los tuyos disfrutéis de esta granola casera. Además, se conserva perfectamente durante un mes en un recipiente hermético en tu despensa, ¡eso si consigues que dure más de 3 días!

SALE 1 TARRO GRANDE

80 g (½ taza) de almendras
20 g (¼ de taza) de avellanas crudas
30 g (¼ de taza) de nueces
400 g (⅔ de taza) de copos de avena integrales
60 g (½ taza) de mezcla de semillas de calabaza y girasol
1 cucharada de pasas
4 cucharadas de cacao en polvo crudo
¼ de cucharadita de sal marina
3 plátanos muy maduros, pelados
1 cucharadita de extracto de vainilla
¼ de taza de aceite de oliva virgen extra o aceite de coco
1 cucharada de chocolate 80 %, picado con un cuchillo

CANCIÓN: *Bonnie and Clyde* – Brigitte Bardot, Serge Gainsbourg

Precalienta el horno a 180 ºC y coloca papel de hornear sobre la bandeja del horno.

Pica las almendras, las avellanas y las nueces, y mézclalas en un bol grande junto con la avena, las semillas, las pasas, el cacao en polvo y la sal. Reserva en un cuenco.

Machaca los plátanos con un tenedor y mezcla con el extracto de vainilla y el aceite de oliva o el aceite de coco derretido.

Añade esta última mezcla de aceite y plátano a los ingredientes secos y mezcla bien con las manos, de modo que el plátano se integre con los frutos secos y las semillas.

Esparce la mezcla sobre la bandeja de horno y hornea durante unos 15 minutos o hasta que esté dorada, con cuidado de que no se queme y removiendo de vez en cuando durante la cocción.

Retira la bandeja del horno, mezcla con el chocolate y deja que se enfríe por completo.

CONSERVACIÓN: Pasa a un tarro hermético y guarda en un lugar seco y con poca luz, donde se conservará hasta un mes.

Tostadas con salteado de setas y huevo poché

CARO · Podría desayunar esta tostada cada día de mi vida. Desde hace unos años he cambiado mis hábitos de desayuno: antes comía un bocadillo nada más despertar, no podía pasar media hora sin llevarme algo a la boca. Ahora he aprendido a disfrutar de este momento de forma más consciente. Comer con hambre es un placer que te invito a experimentar, disfrutas de los alimentos de una forma totalmente distinta, valoras cada plato, con sus aromas, texturas, sabores... es un placer para todos los sentidos.

PARA 2 RACIONES

1 cucharada de mantequilla orgánica de vacas de pasto (o aceite de oliva)
¼ de cebolla morada, cortada en juliana
un puñado de setas de temporada (champiñones, níscalos, rebozuelos...)
un par de ramas de tomillo fresco
2 huevos ecológicos (lo más frescos posible)
un chorro de vinagre de manzana, para el agua de cocción del huevo
2 rebanadas de pan integral de calidad
aceite de oliva virgen extra, para rociar
1 cucharada de hojas de perejil fresco, picadas
1 cucharada de hojas de cilantro fresco, picadas
sal marina y pimienta negra recién molida

CANCIÓN: *The Boy With the Arab Strap* – Belle & Sebastian

Saltea la cebolla en una sartén, junto con la mantequilla, durante un par de minutos. Sube el fuego y añade las setas troceadas y el tomillo, y salpimienta. Cuando saltees setas, es importante que esté el fuego lo suficientemente fuerte como para que suelten el agua rápidamente y no se hagan al vapor con el jugo que van soltando. Una vez hechas, al cabo de 7-8 minutos, apaga el fuego e incorpora el perejil o cilantro picados.

Mientras se hacen las setas, prepara los huevos poché. Pon agua a hervir en una olla grande (cuanto más grande sea, mejor se harán los huevos poché). Añade un buen chorro de vinagre, que ayudará a coagular la clara del huevo rápidamente y evitará que se desintegre en la olla. Si pones 3 litros de agua, deberás echar 30 ml (2 cucharadas) de vinagre. No hace falta que añadas sal.

Cuando el agua empiece a hervir, apaga el fuego y enseguida rompe un huevo bien fresco en una taza para poder introducirlo más fácilmente y con cuidado en el agua caliente (si lo rompes directamente, caerá con demasiada fuerza y no quedará bien). Con la ayuda de una espumadera, forma un remolino en el centro del agua y vierte el huevo dentro del agua. Tapa y deja cocer unos 3 minutos en la olla hasta que la clara esté cuajada (la yema debe quedar líquida). Aquí es donde veremos si un huevo es realmente fresco o no: si no lo es, la clara no quedará compacta del todo.

Retira el huevo escalfado con la ayuda de una espumadera y pásalo a un bol con agua fría y hielo para detener la cocción.

Tuesta las rebanadas de pan y rocíalas con un poquito de aceite de oliva virgen extra. Esparce por encima las setas salteadas, coloca con cuidado los huevos poché, salpimienta, y termina con el cilantro y el perejil picados.

Pancakes fit & fat

VERO · A continuación, encontrarás dos opciones de tortitas, una versión saludable, las *fit*, y otra que no lo es tanto, las *fat*. En casa hay una tradición inamovible: los domingos desayunamos tortitas, para las que utilizamos dos recetas, dependiendo del momento y de cómo nos hayamos portado el fin de semana. Este tipo de tradiciones une, sirve para compartir momentos en familia y disfrutar todos juntos.

CANCIÓN: *Feel Good Inc.* – Gorillaz

Pancakes fit de avena y plátano

PARA 4 RACIONES

90 g de copos de avena (o harina de avena) integral
80 g de harina de almendra (almendra molida)
2 cucharaditas de canela en polvo
2 cucharadas de semillas de chía
una pizca de sal marina
200 ml de bebida de avena o almendras (o un poco más, para aclarar)
2 plátanos muy maduros (pueden estar negros por fuera)
1 cucharada de aceite de coco, para cocinar los pancakes
sirope de arce, chocolate funudido, yogur o fresas, para servir

Tritura la avena y la almendra en el caso de que no las tengas en formato harina. Mezcla ambas harinas en un bol junto con la canela en polvo, las semillas de chía y la sal. Luego añade la bebida vegetal.

En un plato, machaca los plátanos con la ayuda de un tenedor y añádelos también. Mezcla bien y deja reposar durante 10 minutos.

Engrasa una sartén con un poco de aceite de coco. Cuando esté bien caliente, vierte un par de cucharadas de la mezcla y deja que se cueza unos 2-3 minutos por un lado; luego dale la vuelta y deja que se cueza durante 2 minutos por el otro lado. El tiempo de cocción dependerá de la sartén y del grosor del *pancake*.

Puedes servirlo con un chorro de sirope de arce, chocolate fundido, yogur, fresas... ¡lo que te apetezca!

Pancakes fat

PARA 4 RACIONES

200 g de harina
200 ml de leche
3 huevos ecológicos
3 cucharadas de azúcar (de tu elección)
1 cucharadita sal marina
2 cucharadas de levadura
3 cucharadas de aceite de oliva, para cocinar los pancakes

Tritura todos los ingredientes, excepto el aceite de oliva, hasta que quede una masa homogénea y cremosa.

Pon una sartén antiadherente a calentar con unas gotas de aceite de oliva. Cuando esté caliente, vierte un poco de masa con la ayuda de un biberón de cocina o un cucharón y ve formando la tortita.

Cuando la masa empiece a burbujear, dale la vuelta a la tortita con ayuda de la espátula y repite la operación hasta que termines la masa.

NOTA: Puedes reservar la masa de un día para otro y, si haces todas las tortitas, las puedes reservar para comer más tarde el mismo día o poner en el almuerzo de los peques el lunes. Si quieres que te queden todas del mismo tamaño, utiliza un biberón de cocina, que te permita dosificar la masa que viertes en la sartén.

Porridge

CARO · La textura del *porridge* es la clave para que te guste este desayuno. Recuerdo cuando le dije a mi hermana pequeña que, si quería cambiar su alimentación, tenía que empezar por desayunar *porridge*. Me dijo que le daba mucho asco la textura y le pregunté cómo lo solía preparar. «Caliento agua y se la echo a la avena», me dijo. Lo que estaba desayunando no era *porridge*.

El *porridge* perfecto, con textura de papilla, solo necesita unos 5-6 minutos de cocción (si usas copos de avena finos) a fuego medio y el sabor o extras que más te apetezcan el día que lo prepares.

PARA 4 RACIONES

750 ml (3 tazas) de líquido, yo utilizo 2 partes de agua y 1 parte de bebida de avena, y un chorro adicional de bebida de avena, para servir
250 ml (1 taza) de copos de avena finos integrales
una pizca de sal marina

EXTRAS

1 cucharada de mantequilla
una pizca de canela en polvo
1 cucharadita de ralladura de naranja
un poco de chocolate rallado
frutas de tu elección, troceadas
frutos secos de tu elección

CANCIÓN: *Inevitable* – Shakira

Coloca todos los ingredientes, excepto los extras, en una cazuela y lleva a ebullición. Baja el fuego y cocina durante unos 5-6 minutos a fuego lento, removiendo con una cuchara de madera. Sabrás que está listo cuando se pegue ligeramente a la cuchara.

Sirve en 4 boles e incorpora los extras: la mantequilla, la canela, el chocolate rallado y la ralladura de naranja, las frutas cortadas y los frutos secos. Añade un chorro extra de bebida de avena y sirve.

Pudding de chía con lemon curd

Esta receta puedes elaborarla la víspera por la noche y guardarla en la nevera, o bien 20 minutos antes de desayunar. El *pudding* de chía es facilísimo de preparar: suele hacerse mezclando 7 cucharadas de semillas de chía con ½ litro de bebida vegetal. La chía retiene muchísimo líquido, se infla, humedece y acaba adquiriendo una textura gelatinosa.

Puedes preparar el *pudding* con cualquier pasta de frutas que te guste: te sugiero el *lemon curd* de la página 69 o bien una mermelada de frutas casera, como las de las páginas 54-57.

PARA 4 RACIONES

80 g de semillas de chía
500 ml de bebida vegetal (receta de la página 65)
1 cucharada de zumo de limón
4 cucharadas de lemon curd *(receta de la página 69)*

CANCIÓN: *When You're Gone* – The Cranberries

Mezcla las semillas de chía con la bebida vegetal y el zumo de limón y guárdala durante toda la noche (o al menos 20 minutos) en un tarro hermético en la nevera.

En el momento de servir, pasa la mezcla a tarros individuales y sirve con una buena cucharada de *lemon curd* por encima.

Galette con huevo y queso

CARO · En la página 52 hablo más extensamente sobre esta riquísima receta bretona. Aquí tienes una versión vegetariana que puedes terminar con cualquier otro ingrediente de tu elección.

PARA 1 GALETTE

150 g de masa para galette *de trigo sarraceno (receta de la página 52)*
2 cucharadas (10 g) de mantequilla (la clásica de la región se llama Bordier y es ligeramente salada)
1 huevo ecológico
50 g de queso Comté de 6 meses, rallado
sal marina y pimienta negra recién molida

CANCIÓN: *Noches de boda* – Joaquín Sabina

Vierte la masa sobre tu sartén o crepera muy caliente, y extiéndela en forma de *crêpe* fina y redonda, como se indica en la página 52. Úntala con 1 cucharada de mantequilla.

Rompe el huevo en el centro de la *galette* (no es necesario darle la vuelta a la *galette*, se hará por dentro igual) y esparce la clara separándola de la yema. Agrega el queso rallado, evitando que caiga sobre la yema.

Dobla la *galette*, doblando los cuatro bordes hacia el centro, en forma de rectángulo, y cocina durante 3 minutos.

Agrega el resto de la mantequilla sobre la *galette* y sirve.

TENTEMPIÉS

Queso de untar a las finas hierbas

VERO · El queso de untar no falta nunca en mi nevera. Me encanta porque es un producto muy versátil que se puede utilizar tanto en recetas dulces como en recetas saladas.

La mayoría de los quesos de untar del mercado llevan bastantes conservantes, así que, cuando leas esta receta y veas lo fácil que es hacerlo, puede que nunca lo vuelvas a comprar hecho. Para esta receta necesitarás una tela de algodón, gasa o similar amplia y tupida (de lo contrario, el yogur pasará a través de ella).

SALE 1 TARRO MEDIANO

500 g de yogur natural
una pizca de tomillo fresco
una pizca de albahaca seca
1½ cucharaditas de sal marina
aceite de oliva virgen extra, al gusto, para servir

CANCIÓN: *Qué puedo hacer* – Los Planetas

Pon el yogur en un recipiente, añade la sal y mezcla con la ayuda de unas varillas.

Extiende la gasa del algodón encima del colador y dispón este último sobre un cuenco u otro recipiente. Vierte la mezcla de yogur sobre la gasa con cuidado. Presiona bien y ata con una cuerda o pinza de cocina. Deja que drene en la nevera unas 7 horas aproximadamente.

Sácalo de la nevera, pásalo a un recipiente de cristal hermético y adereza con las hierbas frescas que más te gusten. Cuando lo vayas a consumir, vierte por encima un chorro de aceite de oliva virgen extra.

NOTA: Si lo quieres utilizar para recetas dulces, no añadas especias ni aceite de oliva. Si lo quieres más denso, deja que repose más horas. Si lo prefieres vegano, utiliza cualquier yogur de soja y sigue los mismos pasos.

ITALIANA
BUTTER

Pan de ajo

CARO · Nunca había oído hablar del pan de ajo hasta que me lo dieron a probar en el colegio (era un colegio inglés y nos explicaron que el pan con ajo y perejil era típico del Reino Unido). Desde entonces esta receta me acompaña allá donde vaya.

Me parece ideal una comida en familia con pan de ajo, calentito, recién salido del horno, una buena ensalada con lechuga fresca del huerto, mantequilla de la buena y mucho mucho ajo. No sé si a Victoria Beckham le gustaría, pero estoy segura de que a vuestros invitados les apasionará.

La cantidad de mantequilla que prepararás es bastante más que la necesaria para elaborar esta receta, pero te servirá para cualquier otro plato, ya sea para acompañar un arroz o como aderezo para unas legumbres. Además, si la congelas, se conservará hasta 6 meses en un buen congelador.

2 barras de pan de Viena de calidad, pan integral o el que más te guste

PARA LA MANTEQUILLA DE AJO

½ cabeza de ajos (o 3 ajos, en caso de que la quieras menos potente)
500 g de mantequilla ecológica de vacas de pasto, sin sal (a temperatura ambiente)
la ralladura y el zumo de 1 limón
30 g de hojas de perejil fresco, picadas
1 cucharadita de pimienta de cayena
una pizca de sal marina

CANCIÓN: *Piensa en mí* – Luz Casal

Precalienta el horno a 200 ºC.

Tritura los ajos y mézclalos con la mantequilla reblandecida, añade la mitad de ralladura de limón y el perejil picado, la cayena y una pizca de sal, y mezcla bien. Para esta receta necesitarás una tercera parte de la mantequilla, el resto puedes envolverlo en papel film, haciendo un rulo, y congelarlo.

Corta las barras de pan en rebanadas más bien gruesas, de unos 2 cm de grosor, pero dejando que sigan unidas por la base (como si fueran hojas de un libro, de manera que el pan sea de una sola pieza).

Unta las rebanadas de pan con la mantequilla de ajo, al gusto. Junta las rebanadas y envuelve la barra entera con papel para horno (tradicionalmente se hace con papel de aluminio, pero yo prefiero papel de hornear, sellando muy bien por los lados y apretando para que no se separen las rebanadas).

Hornea unos 10-12 minutos, hasta que el pan se haya dorado y la mantequilla esté bien fundida. Sirve bien caliente.

Crackers de semillas

CARO · Esta es una receta muy fácil que requiere poca elaboración y te servirá para poder acompañar platos de aperitivo, *dips* o como desayuno acompañadas de aguacate, huevos, queso... También puedes tomar estas *crackers* como tentempié para cualquier momento del día.

SALE 1 TARRO MEDIANO

40 g de semillas de girasol
40 g de semillas de calabaza
40 g de semillas de lino
40 g de semillas de sésamo
2 cucharadas de semillas de chía
1 cucharada de psyllium husk *(opcional)*
1 cucharadita de flor de sal
120 g de harina de escanda (o espelta) integral
120 ml de agua caliente
60 ml (¼ de taza) de aceite de coco derretido o aceite de oliva

CANCIÓN: *Contigo* – La Otra

Precalienta el horno a 170 ºC.

Combina las semillas con el *psyllium husk* (si lo usas), la sal y la harina en un bol grande, y, con la ayuda de un tenedor de madera, mezcla los ingredientes.

Añade el agua y el aceite y mezcla de nuevo, con el mismo tenedor o con las manos.

Divide la mezcla en dos bolas y extiende cada bola sobre una lámina de papel de hornear, aplanándola con los dedos. Coloca otra lámina y, con la ayuda de un rodillo, estira la masa hasta que tenga un grosor de unos 3 mm.

Pasa a la bandeja de hornear y retira el papel de encima. Hornea en la parte inferior del horno durante unos 20-25 minutos o hasta que veas que empieza a tostarse por los lados.

Deja que se enfríe sobre una rejilla y rompe en pedazos con las manos: cuanto más irregulares, más bonitas serán.

CONSERVACIÓN: Puedes preparar estas *crackers* para las próximas 2 semanas. Se conservan perfectamente en un recipiente hermético durante ese tiempo.

Pan de brócoli

CARO · A los niños les encanta esta receta y para mí es una salvación por las mañanas si no quiero comer pan ni pasarme con los hidratos de carbono.

Me hago sándwiches en la sandwichera (valga la redundancia) con queso, espinacas, tomates, aguacate... o lo que encuentre por la nevera. Tienes una receta deliciosa en la página 177.

PARA UNAS 8 REBANADAS

500 g de brócoli (1 brócoli mediano)
80 g de harina de trigo sarraceno (o harina de arroz integral o harina de almendra)
20 g de harina de almendra
3 huevos ecológicos y 2 claras de huevo extra
una pizca de tomillo fresco, picado
una pizca de comino molido
¼ de cucharadita de levadura nutricional
sal marina y pimienta negra recién molida

CANCIÓN: *Jungle Drum* – Emiliana Torrini

Precalienta el horno a 180 ºC con calor arriba y abajo. Forra la bandeja del horno con papel de hornear.

Corta el brócoli en ramilletes (puedes congelar el tronco y guardarlo para hacer un caldo de verduras). Lava el brócoli y déjalo secar.

Introduce el brócoli en la batidora o robot de cocina y tritura hasta que tenga la textura del cuscús. Añade el resto de ingredientes y vuelve a triturar hasta obtener una masa que, al apretar con las manos, forme una bola sólida.

Extiende la masa sobre la bandeja de hornear y presiona con los dedos o con la ayuda del rodillo hasta tener unos 5 mm de grosor. Hornea durante unos 21-23 minutos o hasta que empiece a dorarse.

Retira del horno y espera a que se enfríe ligeramente antes de darle la vuelta y quitar el papel de hornear con mucho cuidado.

Córtalo en rectángulos de la medida que quieras.

CONSERVACIÓN: Puedes guardarlo en un recipiente hermético forrado con papel absorbente de cocina durante 3 días.

Bastoncitos de calabacín rebozados en harina de almendra

CARO · Esta receta me la enseñó mi amiga Vero de @eatinglifeavocados y es una adaptación de una de sus recetas para el acompañamiento de alimentación baja en carbohidratos.

Para reducir el consumo de hidratos y pan especialmente, cuando hagamos cualquier rebozado, solo tenemos que sustituir el pan por harina de almendra o almendra molida. Tan sencillo como eso y, además, absolutamente delicioso.

PARA 4 RACIONES COMO ACOMPAÑAMIENTO

5 calabacines medianos
2 huevos ecológicos
240 g (2 tazas) de harina de almendra o almendra molida
6 cucharadas de levadura nutricional o queso parmesano en polvo
1 cucharada de mezcla de hierbas secas (tomillo, romero, orégano...)
½ cucharadita de sal marina
una pizca de pimienta negra recién molida

CANCIÓN: *Glory Box* – Portishead

Precalienta el horno a 200 ºC y forra la bandeja con papel de hornear.

Corta el calabacín en tiras alargadas.

En un bol mediano, bate los huevos. En otro bol o plato hondo, mezcla la harina de almendra, la levadura nutricional o el parmesano, las especias, la sal y la pimienta.

Pasa las tiras de calabacín por el huevo y, seguidamente, por la mezcla de harina de almendra.

Colócalas sobre la bandeja de horno y hornea a 180 ºC durante unos 25 minutos o hasta que estén crujientes y doradas, dándoles la vuelta a mitad de cocción para que se doren por todos los lados.

Puedes servir los bastoncitos acompañados de una de las mayonesas de distintos sabores de las páginas 36-39.

¡A COMER!

Dhal de lentejas rojas con espinacas

CARO · *Dhal* es el término sánscrito que se utiliza para denominar los platos hechos a base de legumbres partidas, sin piel. En Asia (especialmente en países del sur como la India, Nepal, Sri Lanka...) es habitual encontrar decenas de variedades de *dhal*. En casa solo he probado a cocinar el de lentejas rojas y nos encanta a todos. Aquí te dejo la receta que suelo preparar variando los vegetales: unas veces añado zanahoria, otras calabaza, brócoli o boniato, dependiendo de la temporada.

Si no has probado antes las lentejas rojas, debes saber que son fáciles de cocinar y, sobre todo, de digerir, te encantarán y son perfectas para los niños pequeños que todavía no están acostumbrados a las legumbres. No requieren remojo previo, si bien siempre es mejor pasarlas por el grifo para lavarlas bien.

Este *dhal* puedes comerlo a cucharadas o con *flatbread* tipo pan de pita, tortitas o *rotis*.

PARA 4 RACIONES

3 cucharadas de aceite de coco, ghee o aceite de oliva virgen extra
2 cebollas medianas, picadas
3 dientes de ajo, picados
un trozo de unos 2 × 2 cm de jengibre, rallado
50 g de pimiento rojo, picado
1 apio, picado
1 tomate cortado en dados o 1 lata pequeña de tomate troceado natural (unos 100 g)
1 cucharada de ras el hanout *(puedes encontrarlo en cualquier establecimiento de alimentación marroquí, o puedes sustituirlo por una pizca de cúrcuma, otra de canela, cardamomo, comino... no eches más de 1 cucharadita en total)*
1½ l de caldo vegetal (ver página 48)
200 ml de leche de coco
400 g de lentejas rojas
el zumo de 1 lima
un puñado de espinacas baby
sal marina y pimienta negra recién molida

CANCIÓN: *Crystalised* – The xx

Calienta el aceite en una cazuela a fuego alto y añade la cebolla y el ajo picados. Sofríelos durante 1 minuto, añade una pizca de sal y baja el fuego. Sigue sofriendo durante otros 4-5 minutos.

Agrega el jengibre, el pimiento, el apio y el tomate, y saltea otros 3 minutos. Incorpora las especias y dora 1 minuto más, removiendo con una cuchara de madera.

Vierte el caldo y la mitad de la leche de coco y, cuando empiece a hervir, añade las lentejas y otra pizca de sal. Cuece durante unos 20-25 minutos a fuego bajo, tapado y removiendo de vez en cuando, hasta que obtengas un guiso de textura más bien espesa. Ten en cuenta que seguirá espesando cuando lo retires del fuego, por lo que te recomiendo que quede ligeramente líquido. Agrega un poco de agua o caldo extra si ves que las lentejas absorben demasiado líquido durante la cocción. Justo antes de apagar el fuego, rocía con el zumo de lima, vierte la leche de coco restante y remueve bien.

Antes de servir, añade las espinacas, con el fuego apagado. Simplemente, echa las espinacas a la olla, remueve y tapa; se cocerán con el calor residual.

Pastel de boniato y boloñesa de lentejas y guisantes

VERO · Esta es una de mis recetas favoritas, ideal para llevarla a casa de familiares y amigas y triunfar. La primera vez que preparé este pastel, utilicé los ingredientes que tenía en la despensa, y lo llevé a una casa rural, donde mi amigo Tanis, que vive en Bristol, me dijo que lo que había preparado era un *shepherd's pie* de toda la vida, ¡y yo sin saber que la receta tenía nombre! También me explicó que, en Inglaterra, donde este pastel salado es muy popular, normalmente la receta se elabora con carne picada. Después de cocinarlo muchas veces, comparto contigo la receta definitiva, con un puré de boniato suave y rico y una presentación inspirada en la de mi amiga La Gloria Vegana, @lagloriavegana.

PARA 6 RACIONES

PARA EL PURÉ DE BONIATO

3 boniatos medianos, pelados y troceados
1 patata grande, pelada y troceada
150 ml de bebida vegetal
½ cucharadita de pimienta negra recién molida
½ cucharadita de sal
2 cucharadas de levadura nutricional o 4 cucharadas de queso parmesano
una pizca de nuez moscada en polvo

PARA EL RELLENO

1 cebolla dulce, picada fina
3 dientes de ajo, picados finos
400 g de salsa de tomate casera (receta en la página 22)
200 g de lentejas pardinas cocidas
200 g de guisantes frescos
1 cucharadita de tomillo fresco
½ cucharadita de pimentón dulce
½ cucharadita de pimienta negra
1 cucharadita de ajo en polvo
levadura nutricional, para espolvorear
una pizca de sal marina
aceite de oliva virgen extra

CANCIÓN: *Puro veneno* – Naty Peluso

Cuece el boniato y la patata al vapor o directamente en agua, como prefieras. Luego cuela y reserva.

A continuación, prepara el relleno. En la misma olla que has utilizado, pon un poco de aceite de oliva y fríe la cebolla y el ajo a fuego medio durante 5 minutos. Añade la salsa de tomate, las lentejas y los guisantes previamente cocidos.

Luego, agrega las especias (el tomillo, el pimentón, la pimienta, el ajo en polvo y la sal) y cuece durante 15 minutos a fuego medio, removiendo de vez en cuando para que no se pegue.

Mientras, prepara el puré de boniato. En un cuenco grande y con la ayuda de un tenedor, machaca el boniato y la patata previamente cocinados. Añade la bebida vegetal, la nuez moscada, salpimienta y mezcla bien. Reserva. Si prefieres un puré más cremoso, agrega más bebida vegetal y mezcla de nuevo.

Precalienta el horno a 200 ºC.

Cuando el relleno esté listo, cubre con él la base de una fuente para horno y luego esparce por encima el puré hasta tapar toda la superficie.

Añade otra capa de relleno y, con la ayuda de una manga pastelera, termina la capa de arriba con puré de boniato, como en la fotografía de la página siguiente. Espolvorea un poco de levadura nutricional por encima y hornea durante 15 minutos.

Cuando lo saques del horno, estará listo para comer.

Espaguetis a la carbonara vegana

VERO · A veces pienso que la sociedad está dividida por culpa de estas dos salsas, la boloñesa y la carbonara. Bromas aparte, es cierto que, si preguntas a una persona cuál de las dos prefiere, la mayoría lo tendrá claro: o boloñesa, o carbonara, no hay punto medio. Y yo soy de carbonara, y por eso comparto esta receta que no puede faltar en una tribu. Una alternativa vegetal, pero que te recordará a esos espaguetis con el beicon tostadito y la salsa cremosa.

PARA 4 RACIONES

100 g de anacardos naturales (previamente remojados en agua durante al menos 1 hora)
400 ml de nata vegetal
unas hebras de azafrán
240 g de tofu ahumado
2 cucharadas de salsa de soja
340 g de espaguetis integrales
3 cucharadas de aceite de oliva virgen extra
8 cucharadas de levadura nutricional, para espolvorear
sal marina y pimienta negra recién molida

CANCIÓN: *Hungry Heart* – Bruce Springsteen

Escurre y lava los anacardos, y tritúralos junto con la nata vegetal hasta obtener una crema suave y sin grumos. Cocina a fuego bajo durante 8-10 minutos en una olla o sartén, y añade las hebras de azafrán hasta obtener una textura cremosa.

Mientras, corta el tofu en tiras finas y deja que marine en un cuenco con la salsa de soja durante 30 minutos.

Pon agua a hervir en una olla mediana y, cuando rompa a hervir, añade sal y hierve los espaguetis siguiendo las instrucciones del envase.

Calienta aceite en una sartén antiadherente y saltea el tofu hasta que quede dorado.

Escurre la pasta y reserva un poco del agua de cocción. Devuélvela a la olla y vierte en ella la crema de anacardos y azafrán. En este momento puedes añadir unas cucharadas del agua reservada para ligar la salsa.

Por último, agrega a la olla el tofu y el aceite en el que se ha freído y remueve bien. Sirve inmediatamente, espolvoreando con abundante levadura nutricional y pimienta negra recién molida.

Arroz de coliflor a la cubana

VERO · No busques en Cuba la mejor versión del arroz a la cubana porque en la isla no sabrán de qué les hablas, igual que te sucedería con la ensaladilla rusa en Rusia o la tortilla francesa en Francia.

Se conozca o no en Cuba, el arroz a la cubana es un plato que, a pesar de su sencillez, tiene algo que enamora a quien lo come. Esta vez te propongo sustituir el arroz por coliflor rallada: te sorprenderá muchísimo.

Los ingredientes de esta receta son para una ración, pero puedes hacer tantas como quieras, simplemente multiplica las cantidades mencionadas por cuantos comensales vayáis a ser.

PARA 1 RACIÓN

1 coliflor pequeña
aceite de oliva virgen extra, para freír
5 ajos tiernos, picados
½ cebolla dulce, picada
1 huevo ecológico
2 cucharadas de salsa de tomate casera, o al gusto (receta en la página 22)
unas hojas de tomillo fresco, picadas
sal marina

CANCIÓN: *La pena* – TéCanela, Raúl Rodríguez

Lava y seca la coliflor, y después ralla solo la flor de las cabezuelas con un rallador y reserva los tallos para un caldo o una crema.

Calienta aceite de oliva virgen extra en una sartén, y sofríe los ajos tiernos y la cebolla dulce a fuego alto durante 3-4 minutos.

Cuando estén dorados, añade la coliflor rallada y una pizca de sal, y sofríe a fuego medio durante 5 minutos o hasta que empiece a tostarse, removiendo constantemente.

Mientras, en otra sartén, fríe un huevo, si puede ser con puntilla (si lo quieres más sano, hazlo a la plancha).

Pon la coliflor rallada en un plato hondo, vierte dos cucharadas generosas de salsa de tomate por encima, coloca el huevo frito con cuidado y añade un poco de tomillo fresco picado para adornar.

Ensalada de patata, queso de cabra y tomates secos

CARO · Pensando en recetas para este libro, las dos teníamos muy claro que queríamos que fueran fáciles, de toda la vida, pero con ese toque diferente que nos caracteriza. Nosotras somos así, sencillas pero con un punto picante. Como lo es también este plato, una ensalada de patata acompañada de guindilla, queso fuerte y tomates secos. Esta receta la puedes preparar el típico día de fiesta y presentarla en varios boles grandes con unos cubiertos bien bonitos y ¡sírvase quien quiera!

PARA 4-6 RACIONES

1 kg de patata nueva
1½ cucharaditas de sal fina
4 cucharadas de aceite de oliva virgen extra
270 g de tomates secos, cortados en tiras finas
la ralladura y el zumo de 2 limones pequeños
guindilla roja, sin semillas, picada y en tiras muy finas (al gusto)
100 g de cebolla morada, cortada en juliana
2 dientes de ajo, picados
un puñado generoso de rúcula o canónigos
250 g de queso de cabra
sal marina y pimienta negra recién molida

CANCIÓN: *Let's Call The Whole Thing Off* – Ella Fitzgerald, Louis Armstrong

Llena una cazuela grande con agua fría y agrega las patatas y la sal. Lleva a ebullición, reduce el fuego y cocina a fuego lento durante unos 25 minutos o hasta que las patatas estén cocidas. Escurre y deja enfriar por completo antes de cortar en trozos. Reserva en un bol grande.

Añade a las patatas 1 cucharada de aceite de oliva, el tomate seco, la ralladura de limón, la guindilla y la cebolla morada. Mezcla bien para que las patatas se impregnen del aceite y los sabores del limón y la guindilla.

En un bol pequeño, mezcla el ajo, el resto del aceite de oliva y el zumo de limón, y salpimienta. Vierte el aliño sobre la ensalada, remueve suavemente y transfiere la ensalada a una fuente para servir.

Por último, añade la rúcula y el queso de cabra desmenuzado con los dedos y sirve.

Guiso de alubias con calabaza y pera

VERO · Siempre he sido de platos de cuchara, es lo que más disfruto comiendo, pero también cocinando. Me gusta porque me permiten dar rienda suelta a mi imaginación, abrir la nevera e inventar algo calentito y que haga que la casa huela a hogar, sobre todo si lleva cebolla. Creo que es el ingrediente que más utilizo en mi cocina salada. Hace 20 años fui a Murcia por primera vez, un amigo me invitó a su casa a comer, y su madre me dijo: «Espero que te guste, hoy tenemos olla gitana». Con lo que me encanta el folklore, estaba deseando sentarme a la mesa y probar ese plato, sobre todo cuando me dijo que llevaba calabaza y pera. Y me conquistó, le pedí su receta y ahora os la comparto, que seguro que le hace ilusión, aunque con los años le he hecho alguna modificación.

PARA 4 RACIONES

1 cebolla grande, picada
1 tomate maduro, rallado
2 dientes de ajo, laminados
400 g de alubias blancas (previamente remojadas en agua durante al menos 12 horas)
2 l de caldo vegetal (ver página 48) o agua
2 hojas de laurel
2 cucharaditas de pimentón dulce
250 g de calabaza cacahuete
1 patata grande
3 peras conferencia, sin el corazón y troceadas
200 g de espinacas frescas
unas hojas de hierbabuena, sin los tallos, para decorar
aceite de oliva virgen extra, para sofreír
sal marina (al gusto)

CANCIÓN: *Veinte años* – Buena Vista Social Club

En una olla grande, pon un buen chorro de aceite de oliva, echa la cebolla picada y sofríe hasta que empiece a ponerse transparente. Añade el tomate rallado y el ajo, y sofríe durante 5 minutos. Luego, agrega las alubias y cubre con el caldo de verduras.

Incorpora las hojas de laurel, sal al gusto y cuece durante 20-25 minutos a fuego medio, removiendo de vez en cuando y con cuidado para evitar que se pegue. Mientras, pela la calabaza, la patata y las peras, y córtalas en dados. Reserva.

Terminada la cocción, añade las verduras y la pera a la olla, y cocina otros 20 minutos a fuego lento. Cuando las verduras estén tiernas, prueba y rectifica de sal. Por último, incorpora las hojas de espinacas y retira del fuego.

Decora con unas hojas de hierbabuena y sirve.

Aloo gobi al curry con arroz integral

VERO · La coliflor es una de las verduras que más se resisten entre los miembros de una familia, pero, si quieres sorprender y que se atrevan a probarla, incluso que se convierta en uno de vuestros platos favoritos, te invito a que la cocines de esta manera. La textura es melosa y muy sabrosa. Un sabor 3D que despierta tus sentidos y te transporta al corazón de la India. El original lleva patata, pero esta es mi versión.

PARA 4 RACIONES

1 coliflor
1 bote de 400 ml de leche de coco grasa
250 ml de caldo vegetal (ver página 48)
5 cucharaditas de curry
2 cucharaditas de cúrcuma
150 g de guisantes congelados
aceite de oliva, para sofreír
sal marina y pimienta negra recién molida

CANCIÓN: *Mul Mantra* – Snatam Kaur

Separa las cabezuelas de la coliflor con las manos y ponlas en una sartén con un chorro de aceite de oliva. Sofríe a fuego medio, con tapa, removiendo de vez en cuando, hasta que la coliflor empiece a reblandecerse.

Sube el fuego y destapa para que se dore, sin dejar de remover de vez en cuando. Vierte la leche de coco y el caldo de verduras, y cocina unos minutos más a fuego bajo, hasta que obtengas la consistencia deseada.

Añade el *curry* y la cúrcuma y una pizca generosa de sal, y remueve hasta que quede todo integrado, con cuidado de que no se desmenuce la coliflor. Retira del fuego, incorpora los guisantes y deja que se cocinen con el calor residual. Antes de servir, espolvorea un poco de pimienta negra recién molida.

NOTA: Te recomiendo que acompañes este plato con arroz blanco o integral.

Lasaña de espinacas

CARO · Cuando preparamos esta receta en el horno de leña de la que fue nuestra casa durante una semana en Mallorca (Sa Caseta), causó absoluto furor.

Decidimos preparar la lasaña en una sartén, porque para la foto sabíamos que quedaría espectacular, así que buscamos una apta para horno y dejamos volar nuestra imaginación. Hierbas frescas de la isla, una bechamel que ya habíamos preparado para una de las recetas básicas, pasta fresca casera (que también habíamos preparado para otra de nuestras recetas básicas) y Vero cantando al son de Chavela Vargas. No necesitamos más. El resultado salta a la vista. Esta es, si cabe, nuestra receta favorita del libro.

PARA 4 RACIONES

bechamel de coliflor (ver página 26)
6 láminas de lasaña fresca, escaldadas 30 segundos en agua hirviendo
30 g de queso parmesano en polvo (y un poquito más para servir)
aceite oliva, para engrasar

PARA LAS ESPINACAS A LA CREMA VEGANA

550 g de hojas de espinacas baby
un puñado de hierbas aromáticas, picadas (menta, tomillo, cebollino...)
sal marina y pimienta negra recién molida

CANCIÓN: *Manzanita* – Chavela Vargas

Precalienta el horno a 220 ºC.

Empieza preparando la bechamel de coliflor, si es que no la tienes hecha, siguiendo las instrucciones de la página 26. Reserva.

Pon las espinacas en un bol y vierte agua hirviendo. Déjalas unos 30 segundos, como mucho, y escurre enseguida en un colador. Aprieta bien las espinacas con un papel de cocina para eliminar todo exceso de líquido.

Corta las espinacas en tiras finas y devuélvelas al bol. Añade la menta, el tomillo y el cebollino, y salpimienta. Mezcla bien.

Monta la lasaña colocando un par de láminas de pasta sobre una fuente de horno de unos 30 cm, previamente engrasada con aceite de oliva. Cubre las láminas de lasaña con 1½ tazas de la bechamel de coliflor y ½ taza de las espinacas. Cubre con dos láminas más de lasaña, más bechamel, más espinacas, y repite la operación hasta usar toda la pasta (3 capas en total). Termina con una capa de espinacas y otra de bechamel

Espolvorea con el parmesano por encima y hornea durante unos 25 minutos o hasta que esté bien gratinada.

Strozzapreti verdes con pesto de brócoli y tomates cherry al horno

CARO · Esta receta de pasta fresca me llamó la atención por la leyenda que explica su nombre. *Strozzapreti* significa, literalmente, 'asfixiacuras' en italiano. La descubrí leyendo el libro *Naturally Vegetarian* de mi querida amiga italiana Valentina Solfini.

La leyenda cuenta que las mujeres tenían por costumbre hacer la pasta para los clérigos como parte del pago de la renta de sus tierras, y los maridos rabiaban de celos porque los curas, aparte de «robarles» el dinero, disfrutaban de las comidas de sus esposas.

Una de las veces que el cura visitó a estas mujeres, ellas estrujaron y dieron forma enrollada a la pasta, deseando que le ocurriera lo mismo al cura mientras la estuviera comiendo y se asfixiara.

Valentina cuenta que esta pasta es típica de la región de la Emilia-Romaña. ¡Es una de esas recetas en la que pueden participar los niños, estarán entretenidos un buen rato!

PARA 4 RACIONES

PARA LOS STROZZAPRETI VERDES
130 g (1 taza) de harina blanca de espelta
80 g (½ taza) de harina de sémola
150 g (1 taza) de harina integral, preferiblemente molida a la piedra
125 ml (½ taza) de verduras de hoja verde (acelgas, espinacas, ortigas...), cocidas y bien escurridas
pesto de brócoli (ver página 29)

PARA LOS TOMATES CHERRY
las hojas de 2 ramas de romero fresco, picadas
2 cucharadas de aceite de oliva virgen extra
500 g de tomates cherry *de rama, cortados por la mitad*
sal marina y pimienta negra recién molida

CANCIÓN: *Viva la papa col pomodoro* – Rita Pavone

Coloca las tres harinas y las verduras en una batidora y tritura. Muy lentamente, agrega agua cucharada a cucharada hasta que la harina y las verduras formen una masa, es posible que necesites entre ¼ de taza (40 ml) y ½ taza (125 ml) o más. Saca la masa del procesador y amásala sobre una superficie enharinada hasta que esté suave. Ponla en la nevera y deja que repose durante 30 minutos o toda la noche.

Estira la masa, asegurándote de que no quede demasiado fina (posición 7 en una máquina para pasta). Córtala en tiras de 1,5 cm, como si estuvieras cortando *tagliatelle*. Separa las tiras de una en una y rota el extremo de una tira con las palmas de las manos para crear una forma retorcida, como puedes ver en las fotos de las páginas 140-141.

Rompe los *strozzapreti* con las manos en trozos de 5 cm de largo y deja caer los pedazos sobre una bandeja para hornear enharinada. Repite con el resto de tiras de pasta.

Para hacer la salsa, calienta el aceite de oliva en una sartén a fuego lento y añade el romero para darle aroma. Incorpora los tomates *cherry*, tapa y cocina durante unos 12-15 minutos. Salpimienta y deja reposar mientras cueces la pasta.

Pon a hervir una olla con abundante agua, y agrega sal en la proporción de 1 cucharadita por cada 4 tazas (1 l) de agua cuando rompa a hervir. Mete los *strozzapreti* en el agua hirviendo. Cocina

CONTINÚA...

durante 3 minutos, escurre (reserva una taza de agua de la cocción) y devuelve la pasta a la misma olla de donde la has hervido. Agrega el pesto directamente a la pasta, junto con un poco del agua de cocción (no toda, puedes ir añadiendo más si ves que lo necesita, poco a poco). Agrega los tomates *cherry*, sube el fuego y remueve bien durante unos 2 minutos, hasta que la pasta haya absorbido bien el pesto. Sirve inmediatamente.

Gnocchi de remolacha con pesto de brócoli

CARO · Si has preparado *gnocchi* antes, sabrás que no es tan fácil como parece. Pero estás de suerte, los *gnocchi* de remolacha son un poco más fáciles de elaborar que los tradicionales. La remolacha le da a la masa una textura moldeable. El sabor es delicioso y el color, salta a la vista, ¡espectacular!

Los *gnocchi* son, tradicionalmente, una elaboración a base de patata, que, junto con la harina y el huevo, forman una masa alternativa a la pasta que puedes condimentar con un sinfín de salsas, como los pestos que encontrarás en las páginas 28-31.

PARA 6 RACIONES

200 g de remolacha (una remolacha mediana)
400 de patata con piel
1 huevo ecológico grande
50 g de queso parmesano, rallado
180-200 g de harina integral, y un poco más para enharinar
1 cucharadita de sal marina
pesto de brócoli (ver página 29)

CANCIÓN: *Take Me Out* – Franz Ferdinand

Precalienta el horno a 220 ºC.

Prepara dos fuentes que quepan juntas en el horno. Coloca la remolacha en una de ellas y añade agua hasta que cubra un poco más de la mitad de la remolacha. Tapa con papel de aluminio o una tapa apta para horno. En la otra fuente, coloca la patata y pínchala varias veces con un tenedor. Hornéalas durante unos 40-50 minutos o hasta que estén cocidas (compruébalo pinchando con un tenedor).

Retira del horno y espera a que se enfríen para pelarlas. Pasa la remolacha a una batidora y tritúrala junto con el huevo, el parmesano y la sal hasta obtener una consistencia de puré. Reserva.

En un bol, chafa la patata con un tenedor (no la tritures), también puedes usar un pasapuré o la parte fina de un rallador. Agrega la mezcla de remolacha y añade la harina poco a poco mientras remueves con las manos. Dependiendo de la humedad de la patata, vas a necesitar más o menos harina, pero procura no pasarte.

Espolvorea la encimera o mármol con un poco más de harina y amasa ligeramente la mezcla. Forma una bola y divídela en 7 porciones. Haz cilindros alargados de unos 2 cm de grosor o un poco menos. Corta los *gnocchi* en piezas de unos 2,5 cm para que no sean cuadrados. Puedes darles forma de *gnocchi* auténticos con la base de las púas de un tenedor.

Pon a hervir una olla con abundante agua, y agrega sal en la proporción de 1 cucharadita por cada 4 tazas (1 l) de agua cuando rompa a hervir. Hierve los *gnocchi* como si fueran pasta, en tandas de unos 10 *gnocchi* cada vez. Sabrás que están hechos cuando suban a la superficie; entonces los puedes retirar con una espumadera para no desechar el agua.

Sírvelos con la salsa que quieras y espolvorea más queso parmesano.

¡A CENAR!

Calabaza a la parmigiana

VERO · Este es uno de esos platos que siempre triunfan, tanto por presentación como por sabor, y que además no tiene ninguna complicación. Esta receta se ha creado de manera especial para este libro. Normalmente, siempre laminaba la calabaza y la ponía en una fuente, pero, en el momento de cocinarla en Mallorca, pensamos: «¿Por qué no la cocinamos dentro de la misma calabaza?». Y tanto a Caro como a mí nos pareció una buena idea. De esta forma evitamos pelarla, que ya sabemos lo dura que es la piel, la aprovechamos toda y queda superoriginal.

Cortada puede servirse como entrante si sois varias personas, pero, si la calabaza es pequeñita, es perfecta para un plato principal, acompañada de una buena ensalada de rúcula, ya que la calabaza con su punto dulce y la rúcula con su sabor potente y picante combinarán perfectamente.

PARA 4 RACIONES
COMO ENTRANTE

1 calabaza cacahuete de 500 g
100 ml de salsa de tomate casera (ver página 22)
1 bola de mozzarella de búfala
150 g de queso parmesano, rallado
unas hojas de tomillo fresco
2 cucharadas de pan rallado
un chorrito de aceite de oliva virgen extra, para rociar
unas hojas de albahaca, para decorar
sal marina y pimienta negra recién molida

CANCIÓN: *Nana triste* – Natalia Lacunza, Guitarricadelafuente

Precalienta el horno a 180 ºC.

Corta la calabaza por la mitad y ponla en una bandeja de horno. Échale un chorro de aceite de oliva y una pizca de sal, y hornea aproximadamente 25 minutos. Supervisa para que no se queme, su cocción dependerá del tipo de calabaza y de la potencia del horno. Cuando esté tierna, la puedes sacar, no es necesario que esté dorada.

Esparce la salsa de tomate casera por encima, la mozzarella cortada en rodajas, el parmesano rallado, el tomillo fresco y el pan rallado, y hornea a 180 ºC hasta que el queso esté fundido.

Sírvela sola o acompañada de ensalada con un poco de pimienta negra recién molida.

Albóndigas vegetarianas

CARO · Estas albóndigas son una forma perfecta de comer legumbres. Ya sabes que las legumbres son la fuente principal de proteína para las personas vegetarianas, así que resultan un plato ideal para toda la familia. En casa las preparamos de muchísimas formas, ya sea con tofu, garbanzos o bien con quinoa. Pero, sin duda, las que más éxito tienen son las de lentejas.

Para hacerlas todavía más deliciosas, les puedes dar un toque oriental elaborando una salsa teriyaki. Acompáñalas de un poco de arroz integral y unas hojas de cilantro. Triunfo asegurado.

PARA 4 RACIONES

2 cucharadas de aceite de oliva virgen extra
1 cebolla morada, picada
4 dientes de ajo, picados
2 cucharaditas de jengibre fresco, pelado y rallado
500 g de lentejas cocidas
40 g de pan rallado tipo panko (migas de pan desmenuzado)
20 g de harina integral
2 cucharadas de salsa tamari (o salsa de soja)
1 cucharada de concentrado de tomate o pasta de tomate
2 cucharadas de aceite de sésamo
semillas de sésamo, para decorar
un puñado de hojas de cilantro, para decorar
sal y pimienta negra recién molida

PARA LA SALSA TERIYAKI

40 ml de vino de arroz (mirin japonés)
40 ml de salsa tamari o salsa de soja
1 cucharadita de jengibre fresco, pelado y rallado
1 cucharada de miel o azúcar de coco
40 ml de agua

CANCIÓN: *Kite* – U2

Calienta el aceite de oliva en una sartén, y sofríe la cebolla y los ajos durante unos 5 minutos a fuego medio. Añade el jengibre rallado, sigue sofriendo durante 1 minuto más, sin dejar de remover. Reserva.

En el vaso de una batidora, pon las lentejas, el pan panko, la harina, la salsa tamari o de soja, el tomate concentrado, el sofrito de cebolla y ajos, y salpimienta al gusto. Tritura hasta que quede picado pero con algunos trozos; no debería quedar con consistencia de puré.

Forma las albóndigas del tamaño que más te gusten. Para que no se te peguen a las manos, puedes mojarlas en agua cada vez que formes una bola. Reserva.

Prepara la salsa teriyaki mezclando en un bol todos los ingredientes. Reserva.

Calienta el aceite de sésamo en una sartén grande antiadherente a fuego medio y fríe las albóndigas, dándoles la vuelta de vez en cuando hasta que estén doradas por todos los lados, unos 4-5 minutos. Baja el fuego, añade la salsa teriyaki y cocina durante unos 5 minutos más o hasta que la salsa haya espesado ligeramente.

Espolvorea con las semillas de sésamo, añade unas hojas de cilantro para servir y acompaña el plato con arroz integral.

Tarta salada de pisto y feta

VERO · Como buena manchega que soy, en este libro no podía faltar la receta del pisto de verduras.

El pisto forma parte de mi cultura y de mi historia, y nunca faltaba en la nevera de la casa de mi madre ni de mi abuela. Esta es una receta perfecta para hacer con las verduras de temporada y, además, puedes utilizar las que ya están un poco pochas. Tener pisto en la nevera es asegurarte un buen bocadillo, una cena rápida, un aperitivo y, naturalmente, esta tarta salada.

Para el pisto de verduras, cada familia tiene su secreto, te animo a que le des tu toque personal. Recuerda cortar las verduras en trozos del mismo tamaño.

PARA 4 RACIONES

1 pimiento amarillo, troceado
½ pimiento rojo, troceado
2 berenjenas, troceadas
2 calabacines, troceados
1 cebolla dulce grande, troceada
2 tomates maduros, troceados
1 ajo, picado
70 g de salsa tomate casera (ver página 22)
180 g de queso feta, cortado en dados
2 láminas de hojaldre, enfriado en la nevera
1 huevo ecológico batido, para pintar
aceite de oliva virgen extra, para sofreír
sal marina y pimienta negra recién molida

CANCIÓN: *Tierra* – Bomba Estéreo

Precalienta el horno a 180 ºC con calor por arriba y por abajo.

Calienta una sartén mediana con un chorro generoso de aceite de oliva virgen extra y fríe los pimientos a fuego bajo durante 10 minutos para que vayan soltando su jugo.

Echa el resto de verduras y hortalizas a la sartén, incluido el tomate maduro; salpimienta y cocínalo a fuego medio durante unos 20 minutos, removiendo de vez en cuando.

Pasado ese tiempo, añade la salsa de tomate, retira del fuego y deja que se enfríe.

Añade la mitad del queso feta al pisto de verduras y reserva la otra mitad en un táper de cristal.

Saca el hojaldre de la nevera y córtalo según la forma de la fuente para el horno que vayas a usar. Si quieres pasar el rodillo para dar forma a la masa, procura extenderla antes y reservarla en la nevera: de esta manera no estará blanda y no se romperá al manipularla.

Coloca una lámina de hojaldre en la base de la fuente y rellena con la mezcla de pisto y feta. A continuación, pon la otra lámina de hojaldre encima y cierra los bordes presionando con los dedos.

Pinta con huevo batido por encima para que la masa quede brillante y crujiente tras la cocción.

Te sobrará pisto, pero dura hasta 1 semana en la nevera y es tan versátil que te salvará cuando no tengas ganas de cocinar y quieras comer algo sano y delicioso. Prueba a combinarlo con arroz, pasta, en tostadas, con un huevo frito... y disfruta.

Nuggets vegetarianos de brócoli con kétchup de remolacha

VERO · A los peques –y no tan peques– de casa escuchar la palabra *nugget* les abre el apetito inmediatamente. Esta receta siempre triunfa, porque es fácil de preparar y la masa está lista en 5 minutos. Puedes acompañar estos *nuggets* con cualquiera de las mayonesas que encontrarás en las páginas 36-39 o bien preparar el delicioso kétchup de remolacha que te propongo más abajo.

PARA 4 RACIONES

PARA LOS NUGGETS

400 g de brócoli (solo las cabezuelas, guarda el tallo para hacer cremas o caldos)
1 taza de queso (tu favorito, puede ser vegano)
½ taza de pan rallado (sin gluten, si eres celíaco)
1 huevo batido (o harina de garbanzos y agua para conseguir la textura de huevo)
una pizca de ajo o cebolla en polvo
una pizca de perejil picado
1 cucharada de levadura en polvo
sal marina y pimienta negra recién molida

PARA EL KÉTCHUP

1 remolacha grande, cruda
1 cebolla dulce mediana, picada fina
70 g de agave, miel o azúcar
una pizca de canela
2 cucharadas de vinagre de manzana
aceite de oliva virgen extra, para sofreír
sal marina y pimienta negra recién molida

CANCIÓN: *Ventura* – Santero y Los Muchachos

Para preparar el kétchup de remolacha, precalienta el horno a 180 ºC.

Pela y corta la remolacha por la mitad, y horneála durante 30 minutos o hasta que esté tierna, y deja que se enfríe.

En un cazo con un chorro de aceite de oliva, sofríe la cebolla picada durante 4-5 minutos a fuego medio o hasta que se quede transparente, removiendo de vez en cuando.

Corta la remolacha en trozos pequeños y añádelos al cazo junto con el endulzante de tu elección, la canela, el vinagre y una pizca de sal y pimienta.

Cocina a fuego medio durante 20-25 minutos, removiendo de vez en cuando para que no se pegue.

Deja templar y luego tritura con una batidora hasta conseguir una textura fina y homogénea. Si queda demasiado espeso, añade un chorrito de agua.

Debe reposar antes de servir con los *nuggets*. El resto puedes conservarlo en un recipiente hermético en la nevera hasta 1 semana.

Para cocinar los *nuggets*, precalienta el horno a 180 ºC.

Pica o ralla las cabezuelas de brócoli y cuécelas al vapor durante 3 minutos, o bien en una olla con agua hirviendo. Cuela y escurre, y deja enfriar en un bol grande.

Echa el resto de ingredientes en el bol y amasa con las manos hasta conseguir una textura compacta.

Da forma a los *nuggets* con las manos y ve colocándolos en una fuente para horno forrada con papel de hornear.

Asa durante 15 minutos en el horno. Saca los *nuggets* del horno y sírvelos calientes acompañados del kétchup de remolacha.

Macarrones al horno con espinacas

CARO · Los platos de pasta no podían faltar en nuestro libro y, cómo no, siempre acompañados de verduras. La combinación de puerros, espinacas y el toque de limón hará que nadie de la familia pueda resistirse a ella.

PARA 4 RACIONES

400 g de macarrones u otro tipo de pasta
2 cucharadas de mantequilla ecológica (preferiblemente de vacas de pasto)
1 puerro grande o 2 pequeños, picado fino
250 g de queso tipo mató, desmenuzado
40 ml de nata líquida
una pizca de nuez moscada
60 g de espinacas baby
la ralladura de 1 limón ecológico
queso parmesano en polvo, para gratinar
sal marina y pimienta negra recién molida

CANCIÓN: *Rojitas las orejas* – Fito y Fitipaldis

Precalienta el horno a 240 ºC.

Pon a hervir una olla llena de agua. Cuando rompa a hervir, añade sal, echa la pasta y cuécela según indicaciones del fabricante. Antes de escurrir la pasta, reserva una taza del agua de cocción (unos 240 ml).

Mientras se cuece la pasta, calienta una cucharada de mantequilla en una sartén y saltea el puerro durante unos 3-4 minutos. Añade el mató y la nata, salpimienta, echa una pizca de nuez moscada y mezcla bien. Apaga el fuego y reserva.

Incorpora la pasta ya escurrida junto con las espinacas, el agua de cocción y la ralladura de limón en un bol grande. Salpimienta y mezcla. Agrega la mezcla de puerros y mató, y remueve.

Echa la pasta sobre una fuente de hornear y espolvorea por encima con queso parmesano en polvo. Hornea durante unos 10-15 minutos o hasta que esté bien dorado. *Buon appetito!*

Hamburguesa de quinoa y remolacha

VERO · La palabra hamburguesa siempre es sinónimo de fiesta. En casa, una vez al mes hacemos *burguer party*, y eso implica cocinar todos juntos, elegir una buena película para después y disfrutar no solo del resultado final, sino de todo el ritual, que incluye hacer la compra, preparar los ingredientes y cocinarlos.

Esta receta que encontrarás a continuación, aparte de ser deliciosa y muy vistosa por su color rosa, es perfecta para cocinar con niños porque la masa se prepara en 5 minutos metiendo todos los ingredientes en el vaso de la batidora.

Una vez hecha, no te olvides del acompañamiento. Te recomiendo dos recetas de este libro para el plan perfecto: la salsa sojanesa (página 38) y las patatas Deluxe (página 181).

PARA 4 RACIONES

½ taza de anacardos
2 tazas de remolacha precocida, cortada en cubos
1 cucharadita de comino en polvo
1 cebolla morada
1½ taza de arroz integral cocido
6 cucharadas de harina de avena
pan de cristal, para servir
aceite de oliva virgen extra, para sofreír
sal marina

CANCIÓN: *Purple Rain* – Prince

Pon los anacardos en el vaso de la batidora y tritura hasta obtener una textura parecida a la de la harina.

Añade la remolacha cortada en cubos al vaso de la batidora, junto con el comino en polvo y una pizca de sal, y vuelve a triturar.

Para añadir la cebolla, tienes dos opciones: puedes echarla cruda en el vaso de la batidora o pocharla previamente en una sartén con aceite de oliva, a fuego bajo, durante 4-5 minutos.

Incorpora la cebolla al vaso de la batidora y tritura hasta conseguir una masa cremosa. Vierte la mezcla en un cuenco o bol grande y añade el arroz integral y la harina de avena. Mezcla con las manos hasta que quede una masa manipulable.

Coge porciones de masa con las manos y forma hamburguesas (puedes utilizar moldes redondos para que queden todas iguales).

Pon un chorrito de aceite de oliva en una sartén antiadherente y fríe las hamburguesas hasta que queden doradas por ambos lados, aproximadamente 1-2 minutos por lado.

Sírvelas con salsa sojanesa y patatas Deluxe para deleite de toda la familia.

NOTA: Si prefieres hacerlas todas a la vez, puedes pintarlas con aceite y hornearlas unos 20 minutos a 180 ºC.

Risotto de trigo sarraceno con espinacas y guisantes

CARO · Gran desconocido en nuestro país, el trigo sarraceno (que en realidad poco tiene que ver con el trigo que conocemos) es un alimento maravilloso que puede sustituir al arroz en muchos platos. No es ni siquiera un cereal, sino una poligonácea (igual que el ruibarbo). Tienes que probarlo con huevo frito y salsa de tomate, estilo arroz a la cubana: se prepara casi igual que el arroz, empleando el doble de agua que de trigo sarraceno y cociéndolo durante 15 minutos.

PARA 4 RACIONES

1 cucharada de aceite de oliva virgen extra
2 chalotas, picadas (o 1 cebolla roja, picada)
3 dientes de ajo, machacados
380 g (2 tazas) de trigo sarraceno crudo, lavado y escurrido en un colador
1 l de caldo vegetal (ver página 48) caliente
2 ½ tazas (625ml) de agua
3 tazas (420 g) de guisantes congelados, descongelados, o guisantes frescos
4 tazas de hojas de espinacas baby
½ taza de hojas de menta
1 cucharadita de ralladura de limón
150 g de queso de cabra blando (o levadura nutricional, como opción vegana)
germinados de guisantes, para servir
sal marina y pimienta negra recién molida

CANCIÓN: *Felicità* – Al Bano, Romina Power

Calienta el aceite de oliva en una olla grande a fuego medio, agrega las chalotas y los ajos, y cocina durante 3-4 minutos o hasta que se ablanden y la cebolla esté traslúcida. Incorpora el trigo sarraceno y remueve durante 2–3 minutos.

Sube el fuego y añade de golpe todo el caldo caliente y los 250 ml (1 taza) de agua, y cocina, removiendo ocasionalmente, durante unos 20 minutos o hasta que se haya absorbido casi toda el agua.

Mientras se cocina el trigo sarraceno, pon los guisantes, las espinacas, la menta, la ralladura de limón y el agua restante (375 ml) en un procesador de alimentos y tritura hasta que estén muy picados (a mí me gusta encontrarme trocitos de guisante, pero puedes triturarlo más si quieres una textura homogénea).

Agrega 100 g de queso de cabra blando a esta mezcla de guisantes, junto con una pizca de sal y pimienta, viértelo todo en la sartén y cocínalo 2-3 minutos a fuego medio, removiendo constantemente.

Sirve en 4 boles y decora con germinados de guisantes y el queso de cabra restante. Espolvorea con un poco de pimienta.

Berenjenas al horno con miso y granada

VERO · Esta receta la preparaba mucho cuando trabajaba de jefa de cocina en un restaurante vegetariano y estaba a cargo del menú diario. A los clientes les encantaba y les sorprendía muchísimo el sabor, siempre me felicitaban, cosa que me hacía muy feliz. Así que en este libro de recetas llenas de amor no podía faltar esta con la que tanto cariño recibí.

PARA 4 RACIONES

3 cucharadas de miso
2 cucharadas de tahini
3 cucharadas de aceite de oliva suave
3 cucharadas de agave
el zumo de ½ limón
un trozo de 1 cm de jengibre fresco, pelado y rallado
1 cucharada de salsa de soja
4 berenjenas medianas
un puñado de arilos de granada, para decorar
unos pocos germinados, para decorar

CANCIÓN: *Everything Now* – Arcade Fire

Precalienta el horno a 180 ºC.

Pon todos los ingredientes, excepto las berenjenas, en un cuenco y bate con ayuda de las varillas, hasta obtener una salsa. Déjala reposar al menos 30 minutos en la nevera para que todos los sabores se mezclen.

Corta las berenjenas por la mitad y practica cortes en diagonal en ambas direcciones, de manera que queden en forma de cuadraditos. Pon las berenjenas en una bandeja de horno.

Saca la salsa de la nevera y, con la ayuda de un pincel, pinta las berenjenas hasta impregnarlas bien y terminar la salsa.

Hornea a 180 ºC durante unos 15 minutos aproximadamente, controlando que no se quemen. Deben quedar doradas por encima. Saca del horno y sirve calientes o frías y decoradas con la granada y los germinados. Además de que el contraste de colores es muy bonito, el sabor dulce de la granada combina a la perfección con el miso.

Puedes servirlas como aperitivo, si las berenjenas son pequeñas, o como plato principal, acompañadas de una rica ensalada, o en un bol con arroz, quinoa o vegetales.

Sopa de tomate con chips de parmesano

CARO • La sopa de tomate era mi favorita de niña. Me encantaba tomarla caliente en pleno verano, no sé por qué, pero es una de esas cosas que siempre me ha gustado hacer desde niña. Cuando algo nos gusta de niños no hay quien nos haga entrar en razón. Así que ya sabes, en verano bien caliente y en invierno fresquita, o como más te apetezca en el momento de tomarla, la cuestión es que es una delicia y superfácil de preparar.

Puedes acompañarla de unos pedazos de pan fritos, un poco de parmesano crujiente, quinoa, arroz...

PARA 4 RACIONES

PARA LA SOPA

1½ kg de tomates, partidos por la mitad
1 cabeza de ajos entera
un buen chorro de aceite de oliva virgen extra
1 cucharada (15 g) sopera de tomate concentrado o un par de tomates secos, picados
1 l de caldo vegetal (ver página 48)
¼ de taza de hojas de albahaca frescas
pan tostado, para servir
sal marina y pimienta negra recién molida

PARA LAS CHIPS DE PARMESANO

120 g de queso parmesano, rallado
2 cucharadas de mezcla de hierbas secas

CANCIÓN: *Poupée de cire, poupée de son* – France Gall

Precalienta el horno a 200 ºC y forra una bandeja con papel de hornear.

En un bol, mezcla el queso parmesano junto con las hierbas. Forma montañitas de esta mezcla de queso del tamaño de una cucharada colmada y aplánalas con la mano o el reverso de una cuchara.

Hornea durante unos 7-9 minutos, comprobando que el parmesano no se queme. Retira del horno, deja enfriar ligeramente y pasa a una superficie cóncava para que termine de enfriarse y coja forma redondeada. Mantén el horno encendido para los tomates.

Para preparar la sopa, coloca los tomates en la misma bandeja junto con la cabeza de ajos, situada en el centro. Rocía con un buen chorro de aceite de oliva virgen extra y hornea durante 50 minutos. Pasado ese tiempo, la albahaca estará quemada, y los tomates se habrán ablandado y empezarán a romperse.

Retira la bandeja del horno y pon los tomates en una olla grande. Estruja la cabeza de ajos para quedarte con la piel en la mano e introduce los dientes de ajo pelados en la olla junto con el tomate concentrado o los tomates secos. Añade el caldo y lleva a ebullición. Baja el fuego, tapa la olla y deja que hierva durante 15 minutos. Salpimienta al gusto, añade un puñado de hojas de albahaca frescas y tritura bien, hasta obtener una textura cremosa.

Sirve con las chips de parmesano y unos dados de pan tostado.

Crema de calabaza asada con jengibre y manzana

CARO · He probado decenas de recetas distintas de calabaza; existen tantas versiones como cocineros. Pero hay dos versiones claramente diferenciadas: una en la que se cocina la calabaza en la misma olla y otra en la que se asa en el horno. La diferencia es abismal. No cabe duda de que asar en el horno, acompañada de un diente de ajo, aporta un sabor infinitamente más potente que hervirla. Así que aquí tienes mi versión, siempre con calabaza asada. Y como aprendí de mi querida Elka Mocker, con quien comparto profesión, añado una manzana a la bandeja de horno. Alucinarás con el resultado.

PARA 6 RACIONES

1 calabaza cacahuete de unos 800 g, sin pelar, sin semillas y cortada por la mitad a lo largo
3 dientes de ajo sin pelar, aplastados
1 manzana Fuji
1 rama de romero fresco
1 cucharada de aceite de oliva virgen extra
2 cucharadas de ghee (o mantequilla o aceite de coco)
1 cebolla grande, pelada y en dados
1 cucharadita de comino molido
1 cucharadita de curry en polvo (o cúrcuma)
un trozo de jengibre fresco de unos 2 cm, pelado y rallado fino
una pizca de cayena molida o 1 chile sin semillas (muy picante, ¡como a mí me gusta!)
1 l de caldo vegetal o de pollo
1 lata de leche de coco, y un poco más, para servir
el zumo de ½ lima pequeña
una pizca de semillas de sésamo tostadas, para servir
unas hojas de cilantro fresco, para servir
sal marina y pimienta negra recién molida

CANCIÓN: *Scarborough Fair / Canticle* – Simon & Garfunkel

Precalienta el horno a 220 ºC.

Pon las dos mitades de la calabaza, sin pelar y sin semillas, en una bandeja de horno forrada con papel de hornear. Añade los ajos machacados y la manzana, sin pelar ni cortar, y la rama de romero. Rocía con una cucharada de aceite de oliva y salpimienta. Asa durante 35-40 minutos o hasta que la calabaza esté cocida (si clavas un cuchillo en ella y se hunde fácilmente, estará lista).

Mientras se asa la calabaza, pon las 2 cucharadas de ghee o de mantequilla en una cacerola grande a fuego muy bajo. Añade la cebolla, salpimienta y deja que se ablande y caramelice unos 15-20 minutos, removiendo de vez en cuando.

Retira la calabaza y la manzana del horno y deja que se enfríen antes de pelarlas. Extrae la pulpa de la calabaza con la ayuda de una cuchara, pela la manzana y los ajos, desecha las pieles y el romero, y reserva.

Cuando la cebolla esté lista, añádele el comino y el *curry*, remueve bien para que no se quemen y añade la calabaza pelada, la manzana y el ajo. Incorpora también el jengibre y la cayena o el chile. Cubre con el caldo y lleva a ebullición. Retira del fuego en cuanto rompa a hervir y añade la lata de leche de coco y el zumo de lima.

Tritura la mezcla en una batidora potente (es posible que tengas que ir batiendo en pequeñas cantidades si el vaso de tu batidora no es lo suficientemente grande). Me gusta que la crema de calabaza quede muy cremosa, por lo que requiere bastante tiempo de triturado, en general entre 1 y 3 minutos por tanda, dependiendo de la potencia de tu batidora.

Sirve en boles y espolvorea unas semillas de sésamo tostadas por encima, cilantro picado y un chorrito de leche de coco.

POSITIVE

PARA DISFRUTAR CON LA TRIBU

Samosas de guisantes y queso feta

CARO · Las samosas son un plato típico de Pakistán, la India y el Tíbet. Son una especie de empanadillas con forma triangular y se suelen preparar con pasta filo. En esta ocasión te enseñamos a prepararlas con papel de arroz, más fino todavía y, además, sin gluten. El papel de arroz puedes encontrarlo en establecimientos especializados orientales u online.

Las samosas suelen rellenarse con verduras condimentadas con bastantes especias y se acompañan con alguna salsa de yogur o picante. Deja volar tu imaginación y rellénalas de lo que más te apetezca o lo que haya de temporada.

PARA UNAS 12 SAMOSAS

1 cebolla, picada fina
1 cucharada de jengibre fresco, pelado y rallado
200 g de guisantes congelados
½ cucharadita de curry en polvo
¼ de cucharadita de cúrcuma en polvo
¼ de cucharadita de comino molido
300 gramos de queso feta, desmenuzado
un puñado de espinacas (unos 50 g)
7 láminas de papel de arroz de unos 20 cm de diámetro
10 tomates secos
2 cucharadas de aceite de oliva virgen extra
sal marina y pimienta negra recién molida

CANCIÓN: *Sidonie Goes To London* – Sidonie

Calienta la mitad del aceite en una sartén grande a fuego medio, añade la cebolla y el jengibre, y remueve durante unos 5 minutos o hasta que la cebolla esté transparente.

Incorpora los guisantes, las tres especias y cocina unos 3 minutos más. Agrega el queso feta desmenuzado y las espinacas. Salpimienta y cocina durante 3 minutos más o hasta que las espinacas estén listas, removiendo de vez en cuando.

Para dar forma a las samosas, empieza cortando cada lámina por la mitad con unas tijeras (medias lunas). Prepara un bol grande con abundante agua tibia y un paño de cocina limpio y seco estirado sobra la encimera.

Elabora las samosas de una en una. Para ello, sumerge la media luna de papel de arroz en el agua durante unos 5 segundos. Retira enseguida y coloca encima del trapo. Rellena con una cucharada grande de la mezcla de guisantes y dobla tal como se muestra en las imágenes de la página siguiente. Repite la operación con todas las láminas.

Fríe las samosas en una cucharada de aceite de oliva o aceite de coco durante 4 minutos por cada lado.

Las puedes acompañar con una salsa de yogur tipo *tzatziki*.

Chips de verduras

VERO · Si estás cansada de poner las típicas patatas fritas de bolsa en todos los aperitivos cuando vienen la familia o los amigos de visita, te propongo otra idea mucho más sana, divertida y saludable: chips de verduras de temporada, muy fáciles, rápidas y coloridas, que, además de alegrar tu estómago y tu paladar, harán que tu mesa luzca mucho más bonita.

PARA 4 RACIONES

1 patata
1 zanahoria
1 yuca
1 remolacha
un buen chorro de aceite de oliva
sal marina

CANCIÓN: *People Say* – Papas Fritas

Precalienta el horno a 60 ºC.

Lava las verduras y córtalas en láminas finas con un cuchillo o con una mandolina. Rocía con aceite de oliva y sal, y mezcla con las manos para que las verduras queden impregnadas.

Coloca las verduras en una bandeja de horno forrada con papel para hornear y hornea durante 2 horas, hasta que veas que las verduras han perdido el agua y están crujientes, y comprobando que no quemen.

Pasado ese tiempo, retira la bandeja del horno y deja que se enfríen por completo. Despégalas con cuidado y sírvelas al momento o guárdalas en un recipiente hermético para degustarlas cuando quieras.

Chips de kale crujientes con chile y parmesano

CARO · Nuestras abuelas a la kale la llamaban berza o col rizada. A la col kale se la conoce como la nueva carne, la reina de los vegetales gracias a sus muchos micronutrientes.

Contiene más hierro que la carne de vacuno y más calcio que la leche de vaca. Es una buena fuente de fibra, ácido fólico, proteína, hierro, magnesio, fósforo, calcio, potasio, cobre, tiamina, riboflavina y vitaminas A, C, K y B_6.

Si la consumes en crudo, a modo de ensalada, es fundamental masajearla bien para romper las fibras y que no cueste masticar ni digerir. Sabido esto, te invito a que la pruebes en ensaladas, en tus guisos y como más me gusta a mí: a modo de chips crujientes.

PARA 4 RACIONES

300 g de kale, sin el tallo y cortada ligeramente
1 cucharada de aceite de oliva virgen extra
½ cucharadita de aderezo con chile (por ejemplo, Oriental Rub) o chile picado
40 g de queso parmesano en polvo, y un poco más para servir
sal marina y pimienta negra recién molida

CANCIÓN: *Hasta la raíz* – Natalia Lafourcade

Precalienta el horno a 180 ºC.

Pon la kale junto con el aceite de oliva, el aderezo y el parmesano en un bol, salpimienta y mezcla con las manos para que las hojas de kale se impregnen bien.

Esparce las hojas sobre una bandeja apta para horno y hornea durante unos 8-12 minutos, con calor arriba y abajo, hasta que queden crujientes.

Deja enfriar en la misma bandeja y espolvorea con un poco más de parmesano antes de servir.

Sándwiches de pan de brócoli con espinacas, tomate seco y queso manchego

CARO · Estos sándwiches en realidad los puedes adaptar a tu gusto, simplemente es una forma fácil, rica y sana de comer al mediodía cuando tienes poco tiempo. El pan de brócoli es muy sencillo de preparar, puedes encontrar la receta en la página 117. No tiene hidratos de carbono, y es rico en proteínas y grasas saludables, así que solo debes acompañarlo de tu relleno favorito y llevártelo donde quieras.

PARA 1 SÁNDWICH

2 rebanadas de pan de brócoli (ver página 117)
un puñado pequeño de hojas de espinaca
3 tomates secos en aceite de oliva
1 loncha de queso manchego
aceite de oliva virgen extra o mantequilla, para untar

CANCIÓN: *Magic* – Chucho

Prepara el pan de brócoli si aún no lo tienes hecho siguiendo las instrucciones de la página 117.

Enciende una sandwichera o calienta una parrilla a fuego medio.

Unta una rebanada del pan con un poco de mantequilla o rocíala con aceite de oliva virgen extra. Coloca la rebanada como base en la sandwichera o parrilla y rellena con el resto de ingredientes (una capa de espinacas, otra de tomates secos y otra de queso). Cubre con la otra rodaja de pan, unta con un poco más de mantequilla o aceite y cierra la sandwichera. Si usas parrilla, tendrás que darle la vuelta al sándwich.

Cuando esté tostado por ambos lados y el queso fundido, estará listo.

Fritattas con espárragos verdes, guisantes y queso feta

CARO · Esta receta la puedes preparar tanto en raciones individuales, como en la fotografía, usando un molde de horno para magdalenas, o bien en una sartén o cazuela apta para horno. A mí me encanta prepararla en miniporciones para poderme llevar como tentempié al trabajo o como desayuno para el colegio para los niños. Siéntete libre de reemplazar los guisantes o espárragos por cualquier otra verdura que te guste.

PARA 4 RACIONES

140 g de guisantes frescos
100 gramos de espárragos verdes
2 cucharadas de aceite de oliva virgen extra
½ cebolla, picada
¼ de cucharadita de cúrcuma
un puñado (¼ de taza) de hojas de menta fresca picadas
90 g de queso feta
7 huevos ecológicos
60 ml (¼ de taza) de leche
1 tarrina de ricota o queso mató (250 g)
sal marina y pimienta negra recién molida

CANCIÓN: *Deserto rosso* – Quentin Gas & Los Zíngaros

Precalienta el horno a 180 ºC y forra un molde para magdalenas con papel de hornear engrasado.

Pon una olla con agua a hervir. Una vez que esté hirviendo, añade los guisantes y los espárragos, y blanquea durante 1 minuto. Pasa a un bol con agua y hielo para frenar la cocción.

Pon el aceite en una sartén a fuego medio y sofríe la cebolla picada durante 3 minutos. Añade la cúrcuma, la sal y la pimienta. Agrega los espárragos y los guisantes, y saltea durante 3 minutos.

Pasa a un bol y remueve con la menta y el queso feta. Echa esta mezcla a los moldes forrados con papel de hornear. Reserva.

En otro bol mezcla los huevos, la leche, el queso ricota, la sal y la pimienta, y vuelca sobre los vegetales. Hornea durante 20 minutos a 180 ºC.

Patatas Deluxe

VERO · Una buena *burger party* tiene que ir acompañada de unas buenas patatas Deluxe, así que aquí tienes una receta infalible para prepararlas siempre que lo desees. Te sorprenderá lo fáciles que son de cocinar.

PARA 4 RACIONES COMO ACOMPAÑAMIENTO

4 patatas agrias pequeñas, cortadas en gajos
1 cucharadita de ajo en polvo
1 cucharadita de estragón
1 cucharadita de tomillo
1 cucharadita de orégano
1 cucharadita de pimentón dulce
2 cucharadas de aceite de oliva virgen extra
sal marina
unas hojas de perejil fresco, picado

CANCIÓN: *Que no* – Deluxe

Lava las patatas con piel y córtalas en gajos. Cuécelas al vapor o en agua durante 3 minutos (o enteras en el microondas durante 5 minutos).

Pasado ese tiempo, escúrrelas, ponlas en una bandeja de horno forrada con papel de hornear y aderézalas con las especias, el aceite y la sal.

Hornéalas 10 minutos a 180 ºC.

Sírvelas con la salsa que elijas de este libro y disfruta.

Espárragos con guindilla, limón y menta

CARO · Una de las verduras que más me gustan tanto visualmente (deformación de estilista culinaria) como por su sabor son los espárragos verdes. Si son finos, más aún. En primavera suelo ir de mercado en mercado en busca de los más bonitos. Esta receta es muy sencilla y, de hecho, sirve para preparar cualquier vegetal que os apetezca (zanahorias, nabos, brócoli, coliflor...).

A los espárragos me gusta añadirles un poco de zumo de limón (sobre todo a los verdes) y darles el punto picante de la guindilla y el pimentón picante.

PARA 4 RACIONES

2 manojos (unos 400 g) de espárragos (corta la parte marrón del final)
¼ de taza (un puñado) de hojas de menta, picadas finas
la ralladura y el zumo de 1 limón ecológico (es importante que sea ecológico, pues la piel puede contener muchísimos pesticidas)
¼ de cucharadita de pimentón dulce o picante
una pizca de copos de guindilla secos
1 cucharada de aceite de coco
40 g de queso parmesano rallado, para servir
tiras de piel de limón, para servir
sal marina y pimienta negra recién molida

CANCIÓN: *Fuego* – Bomba Estéreo

Pon agua a hervir en una olla grande, añade una cucharada de sal y lleva a ebullición. Prepara un cuenco grande con agua y hielo (servirá para detener la cocción de los espárragos).

Hierve los espárragos durante 1½ minutos. Cuélalos, escúrrelos y sumérgelos en el bol con agua helada hasta que se hayan enfriado. Escúrrelos de nuevo y déjalos reposar sobre papel absorbente de cocina.

En un bol pequeño, mezcla la menta, la ralladura y el zumo de limón, el pimentón y las escamas de guindilla, salpimienta y reserva.

Pon la parrilla a fuego alto hasta que esté bien caliente. Rocía con un poco de aceite de coco y agrega los espárragos. Baja el fuego y añade la mitad del aderezo.

Cocina durante 1-2 minutos o hasta que se hayan tostado ligeramente por un lado, dales la vuelta y cocina por el otro lado, y añade el resto de aderezo.

Sirve con toda la salsa sobrante de la sartén, salpimienta, espolvorea con el queso parmesano y decora con unas tiras de piel de limón.

Falafeles de coliflor y menta

CARO · Este plato para comer con los dedos les va a encantar a tus hijos. Podrían pasar por unos *nuggets* vegetarianos perfectamente. Acompáñalos con alguna salsa de tomate o de yogur, y disfruta de la combinación de sabores. Puedes cocinarlos en la sartén, con un poco de aceite, o bien al horno.

PARA 20 UNIDADES

300 g de coliflor (sin el tallo, solo las cabezuelas)
1 tarro de unos 400 g de judías blancas, enjuagadas y escurridas
un puñado (¼ de taza) de hojas de perejil fresco
una pizca de comino molido
50 g (½ taza) de harina de almendra
40 g de harina (preferiblemente de espelta, integral)
¼ de cucharadita de levadura nutricional
aceite vegetal, para freír (puedes usar aceite de oliva virgen, pues no superará los 160 ºC, pero es importante que no pase de los 180 ºC)
sal marina y pimienta negra recién molida

PARA ACOMPAÑAR: *Puedes servirlos con hummus de remolacha y comino (página 33), un poco de cuscús (nos gusta el integral de espelta), hojas de cilantro o brotes...*

CANCIÓN: *Mistica* – Orishas

Coloca la coliflor, las judías blancas, el perejil, el comino, la almendra molida, la harina y la levadura en un procesador de alimentos, salpimienta y tritura (no excesivamente, es preferible que haya trozos pequeños y no se convierta en un puré).

Forma bolas de masa del tamaño de una cucharada y fríelas en un cazo con abundante aceite de oliva en el momento en que este alcance los 160 ºC (no debe llegar a humear).

Fríe los falafeles por tandas durante unos 3 minutos más o menos: deben quedar crujientes por fuera y ligeramente dorados. Escurre sobre papel de cocina, salpimienta y sirve con el acompañamiento que hayas escogido.

Rabanitos asados

CARO · Pensarás: «¿Y qué necesidad hay de sustituir las patatas por algo que no son patatas?». Pues bien, la patata es un alimento muy rico en carbohidratos y con poco valor nutricional. Aunque son deliciosas, podemos encontrarles fácilmente sustitutos más nutritivos, y uno de ellos son los rábanos. Prueba la tortilla de rábanos y cebolla, te prometo que no tiene nada que envidiar a la tradicional tortilla de patatas.

Los rábanos contienen mucha agua y sales minerales, principalmente azufre, hierro y yodo. Y son especialmente ricos en vitamina C, por lo que estaremos disfrutando de un acompañamiento buenísimo, de sabor muy parecido a la patata, pero con pocas calorías y muchos nutrientes.

PARA 4 RACIONES COMO ACOMPAÑAMIENTO

3 ramilletes grandes de rabanitos
2 cucharadas de aceite de oliva virgen extra
un par de ramitas de tomillo fresco
queso parmesano rallado, para espolvorear (opcional)
sal marina en escamas y pimienta negra recién molida

CANCIÓN: *Home* – Morgan

Precalienta el horno a 200 ºC, forra una bandeja de horno con papel de hornear y engrasa con un poco de aceite de oliva virgen extra.

Corta los rabanitos por la mitad. Mézclalos con el resto de ingredientes y ponlos en la bandeja de horno. Sepáralos bien los unos de los otros para que se doren por todos los lados y hornea durante unos 40 minutos o hasta que queden dorados. El tiempo final dependerá del tamaño de los rábanos.

Sírvelos con un poco de queso parmesano rallado por encima si quieres.

Empanadillas de calabaza, cebolla caramelizada, queso gorgonzola y piñones

VERO · No puede haber un libro de recetas para la tribu sin empanadillas. Son perfectas para cualquier celebración, ideales para llevarlas a la playa, a un picnic, a casa de una amiga cuando te invitan a cenar, y resulta que puedes rellenarlas de cualquier cosa y siempre quedan bien.

Además, esta masa no necesita reposo ni contiene levadura, y hacerla no te llevará más de 5 minutos. ¿Qué más se puede pedir a unas empanadillas?

PARA 4 RACIONES

PARA LA MASA
500 g de harina de todo uso
130 ml de aceite de oliva
160 ml de leche entera de vacas de pasto
1 huevo ecológico
sal marina, al gusto

PARA EL RELLENO
300 g de calabaza, pelada y cortada en trozos
2 cucharadas de aceite de oliva virgen extra
una pizca de tomillo seco (opcional)
1 cebolla morada, cortada en juliana
una pizca de azúcar
100 g de queso gorgonzola
un puñado de piñones tostados
150 g de hojas de espinacas frescas, picadas
1 huevo ecológico batido o un poco de leche entera, para pintar
sal marina

CANCIÓN: *No hay tanto pan* – Sílvia Pérez Cruz

Precalienta el horno a 180 ºC.

Primero, prepara la masa. Pon todos los ingredientes en un bol, remueve con una cuchara de madera, empieza a amasar con las manos y en 5 minutos tendrás la masa lista.

Pon la masa sobre una superficie enharinada y extiéndela con la ayuda del rodillo hasta que quede bien fina (de unos 2 mm de grosor).

Recorta la oblea de la empanadilla con ayuda de un molde redondo o un cazo del tamaño que prefieras. Retira el resto de la masa y reserva los trozos sobrantes para volver extenderla y repetir la operación hasta que se acabe toda.

Para preparar el relleno, pon la calabaza en una fuente para horno, rocíala con el aceite, espolvorea con el tomillo si lo usas y hornea durante 20 minutos.

A los 10 minutos, añade en la misma bandeja la cebolla con el aceite restante, el azúcar y una pizca de sal.

Cuando la calabaza y la cebolla estén horneadas y blanditas, sácalas y ponlas en un cuenco. Añade el queso gorgonzola, los piñones tostados y las espinacas a la mezcla, y deja que se enfríe un poco.

A continuación, pon un poco de relleno en cada empanadilla, ciérrala con cuidado y séllala con un tenedor o doblando los bordes. Con la ayuda de un pincel, pinta la empanadilla para que quede dorada al hornearla. Repite la operación con el resto de masa y relleno.

Hornea las empanadillas durante aproximadamente 20 minutos a 180 ºC, poniendo el molde o la bandeja en la penúltima ranura, para que la base, más húmeda, quede crujiente.

Macarrones gratinados con boloñesa de lentejas

VERO · Puede que no haya ninguna comida que sea más de tribu que una fuente de macarrones gratinados a la boloñesa. La casa se llena de ese olor maravilloso del queso tostado y del sofrito mientras la haces, del cariño mientras la sirves y del disfrute mientras la comes.

Es el típico plato del que siempre repites. Aquí te propongo una alternativa diferente que encantará a todos los miembros de la familia. Una boloñesa superrica de lentejas, perfecta para que los peques y no tan peques de la casa coman más legumbres.

PARA 4 RACIONES

2 cebollas dulces, picadas
2 zanahorias, picadas
2 cucharadas de aceite de oliva virgen extra, para sofreír
1 chorrito de vino blanco, al gusto
250 g de lentejas pardinas, cocidas
500 g de salsa de tomate casera (ver página 22)
las hojas de 1 manojo de albahaca fresca, picadas
500 g de macarrones
queso parmesano, al gusto
sal marina y pimienta negra recién molida

CANCIÓN: *Ti voglio* – Ornella Vanoni

En una sartén mediana con un chorro de aceite de oliva virgen extra, pocha la cebolla y la zanahoria a fuego bajo durante 5-6 minutos. Cuando estén blandas, añade el chorrito de vino blanco y sigue cociendo a fuego bajo hasta que se evapore el alcohol.

Añade las lentejas (yo prefiero la pardina, que es más pequeñita) al sofrito, remueve y añade el tomate frito casero. Cocina a fuego medio-bajo unos 10 minutos más, añade la albahaca picada, prueba y salpimienta si lo consideras necesario. Retira del fuego y deja reposar.

Mientras, cuece la pasta en abundante agua salada el tiempo necesario (o el que se indique en el envase) y escúrrela.

Pon la pasta en una bandeja apta para horno, vierte por encima la boloñesa de lentejas, espolvorea con queso parmesano al gusto y gratina a 180 ºC durante 10 minutos. Pasado este tiempo, los macarrones estarán listos para servir.

Calabacines al horno con tomates secos

CARO · Estos calabacines ofrecen un sinfín de opciones: puedes dejarlos enfriar y añadirlos a una ensalada, mezclarlos con un poco de arroz y unos garbanzos y tener un plato único delicioso, o puedes incluso usarlos como acompañamiento para un plato principal.

PARA 4 RACIONES

10 tomates secos
100 ml de aceite de oliva virgen extra
60 ml de vinagre de manzana crudo sin pasteurizar
un puñado de hojas de menta fresca, picadas
3 calabacines medianos
sal marina y pimienta negra recién molida

CANCIÓN: *Miguelito* – DePedro

Precalienta el horno a 180 ºC y forra una bandeja de horno con papel de hornear.

Pica los tomates secos y mézclalos en un bol junto con el aceite de oliva y el vinagre de manzana. Añade las hojas de menta a los tomates, salpimienta y mezcla bien.

Limpia los calabacines y córtalos por la mitad, a lo largo, y luego en trozos, pero no los peles. Ponlos en la bandeja de horno y echa la mezcla de tomates por encima, reservando un par de cucharadas para el final del horneado.

Hornea durante unos 35 minutos a media altura. Cuando estén listos, súbelos a la zona más alta del horno, enciende el grill, añade la mezcla de tomates que has guardado y deja que se doren unos 5 minutos más.

¡Ya tienes listo un plato para acompañar cualquier menú!

POSTRES, DULCES Y MERIENDAS

Galletas de brownie rellenas de crema de dulce de leche

CARO · Esta es una de las recetas que más éxito ha tenido en mi blog y la he adaptado reduciendo la cantidad de azúcar, pues me parecían excesivamente dulces. La receta original es de Donna Hay y con el tiempo la he ido adaptando a nuestro gusto en casa.

SALE 1 TARRO GRANDE

350 g de chocolate negro 80-90 %, picado con un cuchillo
40 g de mantequilla orgánica
2 huevos ecológicos
150 g (⅔ de taza) de azúcar de coco extrafino (puedes moler azúcar de coco en tu trituradora unos 10 segundos a máxima velocidad)
1 cucharadita de extracto de vainilla
35 g (¼ de taza) de harina de espelta blanca
¼ de cucharadita de levadura nutricional en polvo

PARA EL RELLENO

100 g de mantequilla reblandecida (a temperatura ambiente)
200 g de mascarpone (o queso crema)
4 cucharadas de dulce de leche

CANCIÓN: *All That Jazz* – Ella Fitzgerald

Precalienta el horno a 180 ºC.

Pon 200 g del chocolate junto con la mantequilla en una sartén pequeña antiadherente a fuego bajo y remueve bien hasta que se hayan deshecho. Apaga el fuego y reserva.

Echa los huevos, el azúcar de coco y la vainilla en el robot de cocina o en un bol que utilices para batir (en caso de no tener robot de cocina). Bate con las varillas eléctricas (a mano también se puede, pero uno debe estar entrenado) durante unos 15 minutos a velocidad alta. Es muy importante batir mucho, pues se montarán los huevos ligeramente y verás que irán adquiriendo una textura esponjosa (para nada parecida a la de las claras montadas). El color irá palideciendo ligeramente.

A continuación, tamiza la harina junto con la levadura y añádelas a la mezcla, removiendo con delicadeza con la ayuda de una espátula.

Añade también la mezcla de chocolate y mantequilla (empieza añadiendo una cucharada, remueve bien y luego añade el resto). Agrega el resto del chocolate. Deja reposar 10 minutos.

Forra una bandeja de horno con papel de hornear o un tapete de silicona. Forma bolas con la masa (la medida debe ser de una cucharada bien colmada). Colócalas sobre el papel dejando espacio entre cada galleta. Es posible que tengas que hornearlas por tandas si no te caben todas en la bandeja.

Hornea durante 8-10 minutos o hasta que las galletas hayan «explotado» y se hayan «roto» (con la fotografía de la página anterior entenderás a qué me refiero con «romperse»). Retira del horno y deja que se enfríen en la misma bandeja.

Para hacer el relleno, bate la mantequilla con la batidora de varillas eléctrica durante 1 minuto, añade el queso (recién sacado de la nevera) y bate unos 30 segundos más o hasta que se haya mezclado bien. Agrega las cucharadas de dulce de leche que quieras hasta encontrar el punto de dulzor que más te guste.

¡Rellena las galletas y contrólate para no devorarlas!

Crêpe Suzette con salsa yuzu y Grand Marnier

CARO · Cuando estudié Dirección Hotelera, una de las cosas que nos enseñaron a preparar en clase de «servicio» fue una serie de recetas de «gueridón» (es decir, que se preparan frente al cliente). Este postre parece demodé, pero, créeme, cocínaselo a tu tribu y te amarán eternamente.

La clásica *crêpe suzette* se prepara con zumo de naranja, pero en mi viaje a Bretaña descubrí una hecha con yuzu y Grand Marnier que me trasladó a otro universo.

El yuzu es un cítrico japonés que puedes encontrar en cualquier supermercado asiático u online, aunque siempre puedes reemplazarlo por lima.

PARA 4 PERSONAS (UNAS 8 CRÊPES)

3 huevos ecológicos
70 g de azúcar de coco
500 ml (2 tazas) de leche ecológica de vacas de pasto
250 g de harina ecológica molida a la piedra
1 cucharadita de Grand Marnier o ron
la ralladura de ¼ de naranja

PARA LA SALSA

1 cucharada de zumo de yuzu (o lima)
60 ml (¼ de taza) de zumo de naranja
35 g de azúcar de coco
1 cucharada de Grand Marnier
15 g de mantequilla
ralladura de yuzu o lima (opcional)

CANCIÓN: *Le temps de l'amour* – Françoise Hardy

Bate los huevos y el azúcar con unas varillas añadiendo un par de cucharadas de leche. Hazlo con fuerza para que la mezcla adquiera cuerpo.

Añade la harina y sigue mezclando, sin preocuparte porque aparezcan algunos grumos.

Agrega el resto de la leche, el Grand Marnier y la ralladura de naranja, y bate de nuevo. Cuela la mezcla con un colador de malla fina y resérvala en un bol cubierto con film transparente. Si vas a tardar en preparar las *crêpes*, guarda la masa en la nevera.

Prepara la salsa de yuzu. En una cazuela pequeña a fuego medio, pon el zumo de yuzu, el zumo de naranja y el azúcar de coco. Cuando la mezcla se reduzca a la mitad, agrega el Grand Marnier, lleva a ebullición y remueve con la ayuda de una cuchara de madera hasta obtener una consistencia de almíbar. Retira del fuego y agrega la mantequilla removiendo hasta que se integre bien. Reserva.

Prepara las *crêpes*. Calienta al máximo una sartén bien grande (si consigues que alcance los 250 ºC, mejor, pues es la temperatura que alcanzan las creperas profesionales).

Vuelca unos 80 g de la mezcla (⅓ de taza) sobre la sartén y repártela bien. Deja que se haga durante 1 minuto por cada lado y dóblala en cuartos (primero por la mitad y luego otra vez por la mitad). Sirve en un plato.

Echa la salsa de yuzu sobre la *crêpe*, dejando que la absorba bien. Espolvorea, si quieres, con un poco de ralladura de yuzu (o lima). Rocía con un poco más de Grand Marnier y flambea. Sirve de inmediato.

Buñuelos de Cuaresma

CARO · El olor que desprenderá tu cocina cuando hagas estos buñuelos te hará desear que vuelva el otoño en cada momento del año. El matalahúga (anís verde), el licor de Anís del Mono, la mantequilla y el azúcar, hará que ni tus vecinos se resistan a llamar a la puerta.

Para que estos buñuelos queden perfectos, mi recomendación es que, a la hora de freírlos, el aceite esté muy caliente pero sin llegar a humear y que, después de freírlos por ambas caras, los pongas sobre papel absorbente para que queden crujientes por fuera y nada grasientos.

PARA 4-6 RACIONES

125 g de harina floja (harina 00 o harina que contenga menos de 9 gr de proteína por cada 100 g)
125 g de harina de fuerza
5 g de sal
5 g de matalahúga
una cucharadita de canela molida
ralladura de un limón
40 g de azúcar de caña integral
3 yemas de huevos grandes
110 g de leche entera
35 g de mantequilla fría, cortada en dados
11 g de levadura seca de panadero o 30 g de levadura fresca
azúcar blanco, para rebozar los buñuelos
Anís del Mono (un buen chorro para cada buñuelo)

CANCIÓN: *(I Can't Get No) Satisfaction* – The Rolling Stones

Si tienes amasadora (tipo Kitchen Aid o cualquier otro robot de cocina con accesorio de gancho), pon las dos harinas, la sal, la matalahúga, la canela, la ralladura de limón, el azúcar, la levadura, las yemas y 72 g de la leche (2/3 de la medida total que vas a utilizar), y amasa a velocidad media-baja, despegando de vez en cuando la mezcla de las paredes con una espátula y añadiendo el resto de la leche (1/3) poco a poco.

Amasa durante 10 minutos. Esta es una masa pegajosa, así que... que no cunda el pánico y no le añadas ningún gramo de más, pues se arruinaría la mezcla. Por tanto, si está pegajosa, es buena señal.

Tras el primer amasado, añade la mantequilla fría y continúa amasando durante 10 minutos más. La mantequilla debe quedar bien integrada y no deben quedar trozos sueltos por la masa.

Unta un bol grande con un poco de aceite de oliva y deja la masa dentro. Píncélala con un poco más de aceite y deja reposar durante 15 minutos tapada con papel film.

Espolvorea ligeramente con harina la superficie de trabajo y corta porciones de masa de unos 20 g cada una.

Forra una bandeja con papel film pintado con aceite y ve dando forma de bolas a la masa. Coloca las bolas sobre la bandeja con el film, dejando separación entre bola y bola para permitir que crezcan durante el fermentado.

Deja reposar las bolas durante 45 minutos, tapadas, a una temperatura de 28 ºC. Este proceso es sumamente importante; si no tienes un sitio a esa temperatura, deberás crear una fermentadora casera.

Yo coloco un cuenco con agua muy caliente (la que sale del grifo) en la base del horno y pongo las bolas en la bandeja del horno, encima. El mismo calor y vapor del agua hacen la función necesaria para que fermente la masa.

CONTINÚA...

Calienta aceite de oliva suave en una sartén o cacerola. Cuando llegue a los 160 ºC (es decir, no demasiado caliente, pero sí lo suficiente como para que aparezcan burbujas cuando tiras una pequeña porción de la masa), empieza a freír los buñuelos.

Justo antes de meter los buñuelos en el aceite, practícales un agujero en el centro con el dedo. Es importante hacerlo justo antes, si no, la masa bajará.

Fríe los buñuelos por las dos caras hasta que estén dorados (no quemados) y déjalos reposar en papel absorbente de cocina.

Cuando todavía estén calientes, vierte por encima un chorro generoso de Anís del Mono y reboza los buñuelos en azúcar blanco.

Deja enfriar y ¡ñam!

Galletas de mantequilla

CARO · Mi nueva vida empezó con las galletas de mantequilla. Cuando el padre de mi primer hijo y yo decidimos no seguir juntos, pasé mi duelo cocinando galletas: horneaba unas 20 a diario y luego las decoraba. Me convertí en una verdadera experta en el arte de la decoración con glaseado. En lugar de llorar y lamentarme, hacía galletas. Y fui muy feliz.

Di con una receta infalible que he ido mejorando con el paso de los años, una receta perfecta para decorar, en la que utilizo harina integral y azúcar de caña o de coco, en menor cantidad que la receta original, pero el resultado no por ello es menos bueno, al contrario, esta receta es una joya, guárdala para siempre.

PARA 4 RACIONES

220 g de mantequilla a temperatura ambiente
150 g de caramelo de dátiles (ver página 58)
1 huevo ecológico mediano
420 g de harina integral ecológica
1½ cucharaditas de extracto de vainilla
½ cucharadita de sal

CANCIÓN: *Butter* – BTS

Pon la mantequilla en tu robot de cocina o batidora y bate durante unos segundos a velocidad media-baja (velocidad 3 en una escala del 0 al 10) hasta que se forme una pasta, unos 5-7 segundos. Sobre todo no te pases, pues, si no, la mantequilla se deshará.

Añade la pasta o el caramelo de dátiles, y vuelve a batir a la misma velocidad, solo para que se mezcle, unos 3-4 segundos.

Rompe el huevo en un bol e incorpóralo a la mezcla de la mantequilla junto con el extracto de vainilla y la sal. Vuelve a batir a velocidad media-baja unos segundos (parecerá que tengas una especie de pasta cortada, no te preocupes, es normal).

Añade la mitad de la harina y vuelve a mezclar unos segundos a velocidad 3.

Agrega el resto de la harina y vuelve a batir hasta que tengas todo bien integrado (no hace falta que esté demasiado mezclado, ya lo acabarás de amasar a mano).

Espolvorea con harina un tapete de silicona (si no tienes, puedes utilizar papel de hornear) y pon la masa sobre él.

Amasa con cuidado, si ves que se te queda pegada al tapete o a las manos, puedes meter la masa en la nevera durante media hora, pero intenta amasarla con las manos lo máximo posible.

Cuando esté bien lisa, estira la masa con las manos aplanándola.

Coloca unos listones de madera (o cualquier tope que tenga 5 o 6 mm de grosor) a cada lado de la masa y empieza a estirar con un rodillo. No olvides espolvorear con un poco de harina para que no se pegue el rodillo.

Si ves que se empieza a pegar el rodillo a la masa, puedes poner un papel de hornear sobre ella y seguir estirando.

CONTINÚA...

Coloca el tapete o papel de horno con la masa estirada sobre una bandeja que quepa en la nevera y déjala enfriar durante 2 horas como mínimo.

Precalienta el horno a 180 ºC una vez que la masa estirada se haya enfriado (es necesario que esté muy fría). Sobre todo retira la bandeja del horno antes de encenderlo, pues es importante que, al meter las galletas, esta esté fría.

Utiliza cortadores de galletas para darles forma; verás que, al estar frías, apenas pierden forma, este es el gran truco.

Disponemos las galletas sobre un tapete de silicona o papel de hornear, sobre la bandeja del horno (que no esté caliente). Introducimos en la parte superior del horno durante unos 8 minutos o hasta que los bordes empiecen a tomar color (no deben tostarse). Esta receta es para tener galletas blanquitas, si os gustan más crujientes, podéis dejarlas un minuto más. Ten en cuenta que el tiempo de cocción varía también según el tamaño de la galleta, las más pequeñitas puede que necesiten 7 minutos y las más grandes puede que 10, ve echando un ojo al horno para que no se te pasen.

Una vez que estén listas, retíralas del horno y déjalas enfriar 3 minutos sobre la bandeja. A continuación pásalas a una rejilla para que terminen de enfriarse.

Se conservan perfectamente en una caja metálica a temperatura ambiente.

Carrot Cheesecake

VERO · Esta fue la tarta que preparé el día que cumplí 36 años. Fue un cumpleaños posconfinamiento que no pude celebrar con mis amigas, pero sí con mi madre, mi padre, mi mujer y mi hijo, y triunfó. Es una mezcla de mis dos tartas favoritas y es un acierto. Si por separado están deliciosas, juntas son completamente irresistibles.

Los ingredientes son sencillos y escasos, porque pienso que, en la mayoría de las cosas de la vida, y también en las recetas, menos es más. Las masas se elaboran por separado y terminan horneándose juntas.

La receta de cobertura de queso es clásica, pero puedes aromatizarla a tu gusto o añadirle chocolate o colorante para elaborar tartas y pasteles divertidos. Puedes jugar también con la cantidad de azúcar: incrementarla o reducirla según la elaboración a la que vaya a acompañar; si la vas a usar como relleno, te recomiendo que reduzcas la cantidad de azúcar.

PARA 8 RACIONES

PARA LA TARTA DE ZANAHORIA
2 huevos ecológicos
80 g de azúcar moreno
1 cucharadita de canela
½ cucharadita de jengibre
150 g de zanahorias, peladas y ralladas
100 ml de aceite oliva
30 ml de leche
200 g de harina de espelta integral (o la que prefieras)
1 sobre de levadura
una pizca de sal

PARA LA TARTA DE QUESO
3 huevos ecológicos
2 cucharadas de harina común
90 g de azúcar blanco
500 g de queso de untar
80 ml de nata

PARA EL GLASEADO (OPCIONAL)
100 g de mantequilla sin sal
150 g de azúcar glas o eritritol triturado
250 g de queso crema
2 gotas de extracto de vainilla

CANCIÓN: *Sunshine* – Carrots

Precalienta el horno a 180 ºC con calor arriba y abajo y ventilador.

Primero, prepara el glaseado de queso. Pon la mantequilla, el azúcar y el extracto de vainilla en un bol mediano y bátelos con una batidora de varillas eléctrica hasta obtener una pasta homogénea.

Añade el queso crema recién sacado de la nevera y vuelve a batir a velocidad media hasta que todos los ingredientes se integren y se forme una masa cremosa.

Deja enfriar a temperatura ambiente y refrigera durante 1-2 horas antes de usarla para que el glaseado tenga una textura bien consistente.

Mientras, elabora la masa de la tarta de zanahoria. En un bol, bate los huevos junto con el azúcar y las especias. Luego, agrega la zanahoria rallada, el aceite de oliva y la leche, y mezcla bien.

Cuando los ingredientes estén integrados, mezcla en otro bol la harina, la levadura y la sal, y después agrega esta mezcla a los ingredientes húmedos. Remueve hasta obtener una masa homogénea. Tras este paso, puedes añadir unos frutos secos picados a la masa.

Engrasa un molde apto para el horno y vierte en él la masa. Reserva.

A continuación, elabora la tarta de queso. En otro bol, con la ayuda de una batidora de varillas eléctrica, bate los tres huevos junto con la harina y el azúcar. Luego, añade el queso y sigue batiendo hasta que quede todo integrado.

CONTINÚA...

Por separado, bate la nata con la ayuda de unas varillas y, cuando esté en punto de relieve, añádela a la mezcla anterior mediante movimientos circulares y envolventes. Cuando tengas una textura homogénea, vierte esta masa por encima de la de tarta de queso.

Hornea durante 20-25 minutos sin perderla de vista para que no se queme. Pasados 20 minutos, pincha la masa con un cuchillo y, si sale limpio, la tarta estará hecha. Si no, sigue horneando y vuelve a comprobar. Cuando esté lista, saca del horno y deja enfriar por completo.

Por último, cúbrela con el glaseado de queso refrigerado con la ayuda de una espátula y estará lista para servir.

Helado de plátano y fresas sin azúcar

CARO · Cuando hagas este helado, ya no habrá vuelta atrás. Es tan fácil, delicioso y sano que en casa será un éxito durante todo el verano y, por qué no, el invierno.

El plátano congelado, al triturarlo, se convierte en una crema helada dulce que parece un helado de verdad.

Puedes adaptarlo con el fruto rojo que más te guste, yo siempre tengo plátano y frambuesas congelados listos para convertirse en helado.

PARA 4 RACIONES

4 plátanos maduros (cuanto más maduros estén, más dulce será el helado), cortados en rodajas y congelados previamente durante al menos 4 horas
200 g de fresas o frambuesas congeladas
1 cucharadita de extracto de vainilla

CANCIÓN: *Sunday Morning* – The Velvet Underground

Si no has congelado los plátanos, córtalos en rodajas pequeñas y mételos en el congelador en un recipiente forrado con papel de hornear para que no se peguen.

Cuando tengas el plátano congelado, introdúcelo en el vaso de tu batidora junto con las fresas o frambuesas y el extracto de vainilla. Tritura durante unos 2-3 minutos o hasta que quede una crema suave.

Rellena un bote de metal (a mí me gusta usar moldes de pasteles metálicos) con la mezcla y mételo en el congelador hasta que el helado se haya solidificado. Si tienes una heladera, puedes utilizarla en este punto: como la mezcla ya está muy fría, te llevará poco tiempo y la textura será perfecta.

Bizcocho con glaseado de mantequilla tostada

CARO · En los países anglosajones, la *brown butter* (mantequilla tostada) es bastante popular. Se preparan muchas recetas con ella y da un sabor maravilloso a cualquier plato dulce. Bueno, cualquier plato con mantequilla resulta absolutamente exquisito. Siempre que uses mantequilla, debes tener en cuenta que sea de vacas ecológicas de pasto. No solo tendrá un sabor infinitamente mejor, sino que, además, es mucho más beneficiosa para nuestro organismo.

Mantequilla, vainilla, un poco de canela... este bizcocho hará que tu tribu te recuerde por el olor que desprende la cocina, ese olor acompañado de música de *jazz*, una copa de vino y mucho amor.

PARA 8 RACIONES

PARA EL BIZCOCHO

190 g de mantequilla sin sal, cortada en dados, y un poco más para engrasar
220 g de azúcar de coco
las semillas de 1 vaina de vainilla (o 2 cucharaditas de extracto de vainilla)
3 huevos ecológicos, batidos
220 g (1 taza) de yogur griego
330 g de harina
1½ cucharaditas de levadura nutricional
una pizca de sal (⅛ de cucharadita)
200 ml de leche con 1 cucharada de zumo de limón (a esto le llamamos buttermilk*; déjalo reposar unos 10 minutos antes de preparar el bizcocho)*

PARA EL GLASEADO

90 g de mantequilla sin sal, cortada en dados
120 g de azúcar glas tamizado
1 cucharada de leche entera

CANCIÓN: *Brown Sugar –* The Rolling Stones

Precalienta el horno a 160 °C.

Derrite la mantequilla en una sartén y deja a fuego alto durante unos 3 minutos, hasta que se dore y espumee.

Pasa a un recipiente plano (una fuente de hornear, por ejemplo) y refrigera hasta que empiece a solidificarse sin que llegue a endurecerse del todo (unos 20 minutos).

Mientras la mantequilla se enfría, mezcla el azúcar con las semillas de la vainilla, frotando con los dedos para que absorba bien el sabor.

Pasa la mantequilla tostada y el azúcar a un bol grande, y bate con una batidora de varillas eléctrica hasta que esté blanqueada (unos 5 minutos).

Añade los huevos, previamente batidos, uno a uno. Sigue batiendo. Incorpora el yogur y bate hasta que esté bien integrado.

En otro bol, tamiza la harina junto con la levadura y la sal. Agrégalas a la mezcla de mantequilla y azúcar, removiendo con una espátula. Añade la leche y mezcla hasta que se combinen todos los ingredientes.

Pasa la mezcla a un molde previamente engrasado y hornea durante 1 hora o hasta que, al pinchar con un cuchillo, este salga más o menos limpio (a mí me gusta que, al sacarlo del horno, todavía esté un poquito crudo para que termine de hacerse con el calor residual, pero este proceso requiere cierta práctica: si te queda muy crudo, no tendrá arreglo).

Deja que pierda temperatura en el molde durante unos 10 minutos antes de pasarlo a una rejilla para que se enfríe por completo.

CONTINÚA...

Mientras, prepara el glaseado. Pon la mantequilla en una sartén pequeña a fuego alto y remueve hasta que se derrita. Cocina 2-3 minutos o hasta que esté dorada y espumosa. Pásala a un bol, agrega el azúcar glas y la leche y remueve con unas varillas de mano hasta que no haya grumos. Esparce sobre el bizcocho y sirve.

Puedes preparar el glaseado con antelación, dejarlo en la nevera y luego batirlo con una batidora eléctrica para blanquearlo.

Bundt cake de calabaza y manzana

CARO · Si buscas una receta otoñal, esta es la tuya. Un bizcocho hecho para las tardes cortas, para tomar con una taza de té bien caliente, para escuchar música clásica y para sentir el aroma de sus especias. Puedes usar un molde específico para *bundt cakes* o bien uno de bizcocho cualquiera. Lo que te sea más práctico. De todos modos, a mí me pueden los moldes *bundt*, tengo de muchas formas y tamaños.

PARA EL PASTEL

330 g de harina blanca o integral ecológica
2 cucharaditas de bicarbonato de soda
2 cucharaditas de levadura en polvo
2 cucharaditas de canela molida
½ cucharadita de jengibre
½ cucharadita de nuez moscada
1 pizca de clavo molido (opcional)
1 cucharadita de sal
4 huevos medianos
200 g de aceite de oliva suave
400 g de azúcar de coco, si no, azúcar moscovado o moreno
250 ml (1 taza) de leche entera o bebida vegetal
250 ml de puré de calabaza (asa calabaza al horno junto con un vaso de agua, tritúrala después y déjala en un colador durante 5 horas para que suelte el agua; o bien compra puré de calabaza en lata)
125 ml de compota de manzana

PARA EL GLASEADO

*2 cucharadas de leche con un chorrito de limón (*buttermilk*)*
120 g de azúcar glas

CANCIÓN: *Today* – The Smashing Pumpkins

Precalienta el horno a 175 ºC.

Engrasa el molde con un poco de aceite de oliva suave.

En un bol grande mezcla los ingredientes secos: harina, bicarbonato de soda, levadura, sal, canela, jengibre, nuez moscada y clavo.

En el bol de la batidora (varillas o robot de cocina) pon el aceite y el azúcar, y mezcla unos segundos.

Agrega los huevos, uno a uno, batiendo bien cada vez.

Añade los ingredientes secos (la mezcla de harina y especias) a la mezcla de aceite y azúcar, con muchísimo cuidado de no sobrebatir, pues, si no, te quedará un bizcocho durísimo.

Añade los purés de calabaza y manzana, y mezcla bien con una cuchara de madera.

Rellena el molde ⅓ de su capacidad (si lo quieres como el de la foto o lleno si lo preferís más grandote). Lo que sobra puedes utilizarlo para unos *cupcakes* y congelarlos para sacar como merienda o desayuno.

Hornea en la bandeja central del horno (sin aire, solo con calor arriba y abajo) durante unos 40 minutos o hasta que, al meter un palillo o un cuchillo, este salga limpio (aunque ligeramente húmedo).

Cuando ya esté listo, déjalo reposar unos 3 minutos en el mismo molde y deja que se enfríe pasándolo a una rejilla.

Para el glaseado, tamiza el azúcar sobre un cuenco, añade el *buttermilk* (la mezcla de leche y limón) y remueve bien. Vuelca el glaseado sobre la tarta cuando esté fría y deja secar.

Tarta de chocolate con base de frutos secos

CARO · La idea de crear una tarta de chocolate que fuese saludable y que volviera loco a quien la probase supuso todo un reto. No solo lo conseguí, sino que superó mis expectativas. Esta receta que compartí en mi cuenta de Instagram ha sido, después de mi tarta de manzana, la que más personas han preparado. Ha servido tanto para celebrar cumpleaños como para dejar en la nevera como tentempié saludable para cuando te apetece algo dulce. No puedes no probar esta tarta, aviso, se va a convertir en un clásico en tu casa y no vas a poder olvidarla jamás.

PARA LA BASE

230 g de frutos secos, picados, como almendras, nueces, avellanas (no excesivamente triturados, deben quedar algunos trozos)
20 g (2 cucharadas) de copos de avena
60 g de aceite de coco
1½ cucharadas de sirope de arce o agave
una pizca de sal

PARA EL RELLENO DE CHOCOLATE

1 lata (400 ml) de leche de coco
350 g de chocolate picado
sal en escamas o flor de sal
un puñado de avellanas picadas
un chorrito de aceite de oliva

CANCIÓN: *Súper disco chino* – Enrique y Ana

Precalienta el horno a 180 ºC.

Tritura todos los ingredientes de la base juntos en una batidora (con cuidado de no picar demasiado los frutos secos para que queden algunos trozos). Forra un molde de tarta y engrasa con un poco de aceite de coco.

Coloca la base triturada en el molde presionando con los dedos e introduce en el horno. Hornea durante 12 minutos hasta que se haya dorado, sin quemarse. Mientras se enfría fuera del horno, prepara el relleno.

Calienta la leche de coco sin que llegue a hervir. Apaga el fuego y echa el chocolate. Deja que se funda, unos 2 minutos, remueve bien hasta que obtengas una textura espesa.

Viértelo sobre la base enfriada, espolvorea con flor de sal o sal en escamas, avellanas picadas y un chorrito de aceite de oliva. Refrigera durante al menos 3 horas.

Se conserva en la nevera durante unos 4-5 días. Retira del frigorífico unos 30 minutos antes de servir para que se atempere ligeramente. Para cortar las porciones, calienta un cuchillo en un poco de agua caliente, de esta forma se cortará más fácilmente.

Helado de vainilla con lemon curd

CARO · Cuando tienes invitados en casa y no sabes qué preparar, esta idea te va a salvar de más de un apuro. El *lemon curd* se puede elaborar con dos o tres días de antelación y el helado puedes comprarlo preparado. De todas formas, te voy a dejar esta receta básica de helado casero. Si lo preparas con vainilla de verdad, nata buena y huevos de calidad y ecológicos, verás que no has probado un helado igual en tu vida.

SALE 1 TARRINA DE 1 L

750 ml de nata líquida
200 ml de leche entera
120 g de azúcar de coco, previamente pulverizado en la trituradora
1 vaina de vainilla
lemon curd *(ver página 69)*
ralladura de limón (opcional, para decorar)

CANCIÓN: *Ice Ice Baby* – Vanilla Ice

Pon la nata, la leche y el azúcar de coco en una olla a fuego lento. Abre la vaina de vainilla por la mitad y, con un cuchillo, rasca las semillas que hay en el interior para añadirlas a la olla. Mete también la vaina.

Remueve con una cuchara de madera hasta que hierva. Apaga el fuego y deja enfriar. Cuando esté a temperatura ambiente, retira la vaina de vainilla y vierte en un molde de unos 25 cm de diámetro. Congela durante unas 2-3 horas, sin que llegue a congelarse del todo.

Retira del congelador y, con la ayuda de un cuchillo, corta la mezcla en trozos. Mételos en una batidora y tritura durante un par de minutos o hasta que tenga textura de helado.

Vierte en un molde lo suficientemente grande como para que quepa toda la mezcla (unos 2 litros de capacidad) y congela de nuevo.

Sirve en boles individuales y añade una cucharada de *lemon curd* por encima y un poco de ralladura de limón.

Banana bread

VERO · Esta es una de las primeras recetas que publiqué en mi antiguo blog, y por eso le tengo especial cariño y quería incluirla aquí. Con el tiempo la he ido mejorando hasta dar con este bizcocho húmedo y esponjoso, que te servirá para aprovechar los plátanos que a veces se quedan pochos en la nevera. Espero que la disfrutes con tu tribu.

PARA 8 RACIONES

3 plátanos muy maduros (1 será para decorar, el que esté menos maduro)
110 g de aceite de oliva suave o aceite de coco (también los puedes mezclar a partes iguales), y un poco más para engrasar
110 ml de bebida vegetal de avena
120 g de azúcar de dátil
una pizca de canela en polvo
16 g de levadura en polvo (un sobre)
una pizca de sal
160 g de harina de trigo integral, y un poco más para espolvorear
80 g de harina de arroz
20 g de cacao en polvo sin azúcar
½ taza de pepitas de chocolate negro, o al gusto

CANCIÓN: *Con mi voz* – Mäbu

Precalienta el horno a 180 ºC, con calor arriba y abajo.

Engrasa el molde de bizcocho con unas gotas de aceite y añade una fina capa de harina.

Chafa los dos plátanos más maduros con la ayuda de un tenedor o con la batidora hasta hacerlos puré. Mezcla el aceite con el puré de plátanos, añade la bebida vegetal, el azúcar de dátil y la canela, y bate bien.

Incorpora la levadura, la sal, las harinas de trigo integral y de arroz, y el cacao en polvo, y bate todos los ingredientes con las varillas hasta que estén integrados. Añade a la masa las pepitas de chocolate.

Vierte la mezcla en el molde, previamente cubierto con papel de hornear, corta un plátano por la mitad y colócalo encima de la masa, sin hundirlo del todo, y esparce el resto de las pepitas de chocolate por encima, a modo de decoración. Hornea 40 minutos aproximadamente o hasta que, al pinchar con un cuchillo, este salga limpio.

Déjalo enfriar unos 15 minutos en el molde y luego desmolda y deja que enfríe completamente en la rejilla.

Fresas con coulis de fresa y albahaca

CARO · Esta receta está inspirada en una de Ferran Adrià. No recuerdo exactamente dónde se la vi preparar, pero llevo cocinándola desde que me independicé, y es un plato que siempre sorprende a los invitados. Parece un postre de restaurante con estrella Michelín y no puede ser más sencillo.

PARA 4 RACIONES

200 g de fresas congeladas (puedes comprarlas, cortar los tallos y congelarlas la víspera)
50 g de azúcar de coco
el zumo de 1 naranja
250 g de fresas frescas
un puñado de hojas de albahaca frescas, para servir

CANCIÓN: *Strawberry Fields Forever* – The Beatles

En un cazo, calienta las fresas congeladas junto con el azúcar durante unos 10-15 minutos a fuego muy lento para que vayan soltando su jugo. El resultado será una especie de mermelada o *coulis*.

Deja reposar en un colador, sin presionar, y añade el zumo de la naranja.

Corta las fresas frescas y cúbrelas con el jugo 30 minutos antes de servir, para que vayan macerando. Sirve con las hojas de albahaca por encima.

Medidas y conversiones

En este libro hemos utilizado el sistema métrico para medir nuestros ingredientes. Intentamos incluir, además, el valor en tazas para los que os dé pereza pesar. De todos modos, te recomendamos que, al menos para repostería, intentes pesar tus ingredientes, el resultado será más preciso y tendrás mejores resultados. Cuando midas tazas y cucharadas o cucharaditas, recuerda que existen unos utensilios específicos para ello, no vale cualquier taza o cuchara. Cada taza son 250 ml de líquido y 1 cucharada son 15 ml. En cuanto al peso, cada ingrediente variará pues no pesan lo mismo 250 ml de agua que 250 ml de garbanzos. Cuando midas ingredientes secos en tazas o cucharas, no presiones el ingrediente, añádelo de forma que quede suelto y luego nivela con la parte roma de un cuchillo.
A no serque la receta especifique lo contrario, no presiones ni compactes nunca el ingrediente.

A continuación, encontrarás conversiones de peso, volumen y temperatura:

INGREDIENTES COMUNES

Almendra molida	1 taza = 120 g
Azúcar moreno	1 taza = 75 g
Azúcar blanco	1 taza = 220 g
Azúcar glas	1 taza = 220 g
Harina blanca o leudante	1 taza = 150 g
Parmesano rallado	1 taza = 180 g
Arroz blanco crudo	1 taza = 200 g
Arroz blanco cocido	1 taza = 150 g
Cuscús crudo	1 taza = 200 g

LÍQUIDOS

⅛ de taza	30 ml = 1 fl oz
¼ de taza	60 ml = 2 fl oz
⅓ de taza	80 ml = 2½ fl oz
½ taza	125 ml = 4 fl oz
⅔ de taza	160 ml = 5 fl oz
¾ de taza	180 ml = 6 fl oz
1 taza	250 ml = 8 fl oz
2 tazas	500 ml = 16 flz oz
2¼ tazas	560 ml = 20 fl oz
4 tazas	1 litro = 32 fl oz

CUCHARADAS Y CUCHARADITAS

¼ de cucharada	1,25 ml
½ cucharadita	2,5 ml
1 cucharadita	5 ml
½ cucharada	7,5 ml
1 cucharada	15 ml
2 cucharadas	30 ml
1 cucharada	3 cucharaditas

TEMPERATURA DEL HORNO

100 ºC – 200 ºF	gas ¼
120 ºC = 250 ºF	gas ½
140 ºC = 275 ºF	gas 1
150 ºC = 300 ºF	gas 2
160 ºC = 325 ºF	gas 3
180 ºC = 350 ºF	gas 4
190 ºC = 375 ºF	gas 5
200 ºC = 400 ºF	gas 6
220 ºC = 425 ºF	gas 7

½ CUP

Índice alfabético

Acerca de Verónica Sánchez

Verónica Sánchez Mancebo, manchega nacida en Barcelona en 1983, mujer, activista, feminista y madre.

En el año 2016 inició su andadura en redes sociales con la intención de compartir su embarazo, recetas y estilo de vida con familiares y amigas, sin pensar que @oh.mamiblue se convertiría en lo que es a día de hoy, una plataforma de ayuda y visibilidad desde donde lucha por eliminar prejuicios, romper mitos y educar en diversidad. Además, a través de ella también comparte deliciosas recetas vegetarianas que llenan de color y vida su galería.

Verónica estudió Audiovisuales y Dirección de Cocina. Trabajó como jefa de cocina y de partida en conocidos restaurantes de Valencia, pero el nacimiento de su hijo Álex hizo que su vida diese un giro y renunció a la cocina profesional para criar y amamantar a su pequeño de forma prolongada, ya que los horarios de restaurante no eran compatibles con su estilo de crianza. Fue una decisión difícil, pero la vida le tenía preparado un destino lleno de sorpresas. Este libro y conocer a Carolina Ferrer son dos de ellas.

A Verónica le gusta coleccionar objetos de épocas pasadas y platos hechos por artesanas, visitar los mercados de las ciudades, degustar platos de cuchara, disfrutar del sol de invierno y saborear la cocina de temporada.

Acerca de Carolina Ferrer

Su pasión culinaria empezó cuando su tía Cris le regaló los libros de cocina para niños que conservaba de su infancia. Se enamoró de sus ilustraciones y recetas. Desde entonces, se dedicó a preparar galletas, tartas, pasteles y cualquier receta que tuviera que ver con la repostería, ¡y eso que no le apasiona comer pasteles!

Con 18 años se embarcó en el apasionante universo de la hostelería, y estudió la carrera de Dirección Hotelera en la universidad suiza Les Roches, en Marbella. Allí aprendió a cocinar, a servir... protocolo, disciplina y muchísimas cosas que, quizá, poco tengan que ver con la comida...

Trabajó en Londres en el hotel Halkin, que alberga el primer restaurante tailandés de Europa que recibió una estrella Michelín. También trabajó en Semon, en el restaurante Nou, en el hotel Rey Juan Carlos I de Barcelona y en el antiguo hotel Princesa Sofía, también en el restaurante. Ha estudiado innumerables cursos de repostería y cocina, así como de fotografía gastronómica.

Después de muchos años dedicada a la hostelería, cambió el rumbo de su vida para trabajar como directora de comunicación para marcas de cosmética y perfumería. A esta profesión se entregó en cuerpo y alma hasta que tuvo a su primer hijo, Lucas, quien la hizo replantearse su carrera. Así, dejó todo para volcarse en sus redes sociales, su fotografía y sus recetas saludables.

Hasta el día de hoy, esta es la pasión que comparte con su compañera de libro y de batallas, Vero *@oh.mamiblue.*

Agradecimientos de Verónica

Gracias a mi hijo Àlex, por ser inspiración para mí y darme superpoderes. Naciste para cambiarlo todo y hacer de este mundo un lugar mejor. Qué suerte tendrán las personas que se crucen contigo en su vida. Sigue brillando y regalando sonrisas.
Gracias, Jana. Contigo de la mano todo es más bonito, más amable y menos malo. Gracias por quererme mucho y bien, por entenderme cuando no me entiendo ni yo, por animarme, organizarme la mente y curarme el alma. Gracias por ser contemporánea a mí. Cuánto más, más.
Gracias a mi madre, por ser referente, por cocinarme con amor, porque mi comida favorita siempre es la que han hecho sus manos, por dar sin esperar, por demostrarme que el don más valioso en una persona es la humildad.
Gracias a mi padre, por no parar de sorprenderme, por seguir cumpliendo metas y superarse, por regalarme sus manos, su capacidad de expresar lo que siento, su confianza en mí y, sobre todo, su apetito.
Gracias a mi hermana, porque en mi vida no tengo recuerdos sin ella, porque con ella siempre me siento niña; cuando estamos juntas, siento que los años no pasan ni pesan. Es mi mitad, no hay complemento más bonito para mi persona que ella.
Gracias a mis abuelas y abuelos, Pepe y Encarna, Teresa y Juan José, porque gracias a ellos aprendí que el amor puede ser eterno, que por las sobremesas se conoce a las personas, que el español valiente al comer frío siente, y porque, siempre que me acuerdo de ellos, me los imagino comiendo o con un cuchillo partiendo pan o pelando fruta.
Gracias a mis primos Teresa y David, porque nuestros recuerdos esenciales van de la mano, y porque ahora tenemos ganas de seguir haciendo nuevos junto a mi tita favorita y la rubia más bonita de la familia, Blanca.
A mis primas Marisa y Ana, por ser más que primas para mi madre, gracias por ser hermanas.
Gracias a mi familia entera, porque son el motivo por el que siempre quise formar la mía, seguir con las tradiciones y crear otras nuevas.
Gracias, Paco, por las risas, por el conoces a una niña que se llama Jana y el vengo a detenerte, por tu gran corazón, por tratarme siempre con tanto cariño y ayudarnos cuando lo hemos necesitado.
Gracias, Pepa, estar contigo da ganas de ponerse guapa y venirse arriba, es como estar con una buena amiga, haces sentir que todo está bien, y que un vinito o un vermut todo lo cura junto con una canción de Julio Iglesias o Sabina, y por regalarnos a Carlos y Candela.
Gracias a Michel por ser referente, ejemplo y amor para nosotras.
Gracias, Axu, por ser la abuela más divertida, por ser una valiente y tener un corazón noble, me encanta que mi hijo haya heredado de ti la ilusión por los pequeños detalles.
Gracias, Eddy, por estar siempre disponible para ayudar y cocinarnos tantos platos deliciosos, bien presentados y con tanto cariño. Vivan el rice pop y los espaguetis.
Gracias a mi grupo de orejas, Sílvia, Belén Cuenca, Belén Clemente, Mari, María Belén Egido, María Belén Sánchez, María Ángeles, Cristina, Ana, Tanis, Raquel y Bea, mis guías, consejeras y apoyo incondicional, porque ellas conocen mi historia y saben la subida de cada peldaño.
Gracias, Tanis, por dejarme ser la escritora de tus memorias y porque siempre estaremos juntos, en lo bueno y en lo malo.
Gracias, Ana Murillo, por ser una tía diez, por cuidar de mi hermana, porque contigo no hay compromisos y lo haces todo fácil.
A Mireya, David, Kai y Aritz, porque desde 2016 estamos sumando recuerdos y esto no se parará nunca.
A Vero Lara, porque, desde que apareció en nuestras vidas, ya no podemos vivir sin ella, porque de alguna forma es parte de este libro y ha estado conmigo dándome fuerza cuando mi creatividad ha decaído.
Gracias, Jonan, por convertirte en parte de mi tribu y por llenar mi vida de alegría junto con Chris y las canciones más bonitas.
Y a ti, Lorena, por tu buen hacer, tu cariño y tu ayuda.
Gracias también a Marta, *@lamardelunares*, porque no se puede ser más buena ni tener más *flow*.
Gracias a mis compañeras foodies, Las patatas bravas, porque ellas hacen que el camino en redes sea mucho más fácil y menos solitario.
A Tere *@lasmariascocinillas*, por sus consejos, por su sonrisa y esa luz que transmite.
A Gloria *@lagloriavegana*, por su actitud y generosidad, y por contagiarnos el querer hacer siempre las cosas mejor.
A Loleta *@loletabyloleta*, por confiar en mí y ser tan cariñosa como nosotras.
A Inmi, que de alguna forma me hizo sentir que tengo una hermana mayor. Me encanta que siempre recordemos las mismas historias y que nos hagan reír igual que la primera vez.
A Gloria Ferrer y familia, que siempre están a mi lado y se ilusionan con cada proyecto. Eres una muy buena amiga.
A Estefanía, Diederik, Luis y Mireia, por ser familia en tiempos difíciles. Es una suerte teneros en nuestras vidas.
A Judit, por un futuro lleno de activismo, manifestaciones y risas.
A Vane, porque vivan el leopardo, el vino y las mujeres. Pensar en ella me produce cosquillas en la barriga.
A Diana, porque, aunque nos vemos y hablamos menos de lo que me gustaría, siempre la tengo presente en mi vida.
A Patri Moratones, porque es pura risa y me encanta estar con ella.
A los Beloneros, Bárbara, Soraya, Jose Alfonso, Mariu, Jomari, Mara, Laura, Vicky, Rubén, Juanmi... porque estoy deseando siempre volver a juntarnos para cantar, comer, beber y reír...

Gracias a Cris, nuestra editora, por su paciencia y por convertirse en amiga durante este viaje que ha sido escribir *Cocina para la tribu*.

A mi Carolina Ferrer, porque es un orgullo hacer un libro junto a ella, porque es mágica, buena, salvaje y caóticamente perfecta. Te quiero.

Agradecimientos de Carolina

Gracias a mi madre, por enseñarme a cuidar, a amar y a dar, de forma incondicional, sin esperar nada a cambio por parte de nadie. Por tener siempre las puertas de casa abiertas para todos mis amigos y por nunca olvidarse de dejarme un plato preparado en la nevera para cuando volvía de la discoteca a las 5 de la mañana con un hambre atroz. Ojalá pueda ser la mitad de buena madre y cuidadora de tu tribu como lo eres y has sido tú. Te quiero.

A Yago, por aguantarme cuando tengo hambre, por ser mi mejor comensal y por darme a nuestra hija, que es lo más bonito que hemos hecho juntos. Te amo.

A mis hijos, Lucas y Maia, y a la hija de Yago, Berta. Especialmente a Lucas, quien me agradece todos los días de su vida la comida que le preparo, gracias por decirme que soy la mejor cocinera del mundo y por disfrutar tanto con la comida. Lo que más feliz me puede hacer en el mundo es cocinar contigo y verte con las manos en la masa. Os amo a los tres.

A Lou, el padre de Lucas, por empujarme a crear mi blog en el año 2011, por creer en mi potencial y en mi capacidad de comunicar. Y por ser conejillo de indias de mis pasteles repletos de azúcar y mis cupcakes de arbolitos de Navidad. Gracias por todos estos años de amigos, te quiero.

A mi abuela materna, «Lala». Ojalá estuvieras aquí para tener este libro entre tus manos. Ojalá estuvieras aquí para que pudiera darte un beso. Gracias por cuidar de mí cuando mamá no estaba. Te quiero y te echo muchísimo de menos.

A mi padre, mi papi, por ser otro de mis comensales más agradecidos. Me encanta que me llames y me preguntes qué tengo de comer hoy, y que te presentes en casa y me digas siempre: «¡Qué bueno!», y te haga feliz con mis platos de verduritas. Te quiero, y que sepas que me has inspirado en muchísimos momentos de mi vida.

Gracias a mis hermanos Uma, Theo, Alfonso, por existir en mi vida. Os quiero.

A mi tía y madrina Cris, «Titi», por contarme esos cuentos inventados cuando era pequeña, por Rosalinda y su castillo, por regalarme ese libro de recetas de cuando eras pequeña que aún conservo como si fuera oro en paño y que todavía utilizo para cocinar con mis hijos. Gracias, Titi.

A mis compañeras de profesión, a mis inspiraciones gastronómicas: MJ (*@lasrecetasdeMJ*), por ser la mejor cocinera y por tener los mejores vídeos para aprender a cocinar; Loleta (*@loletabyloleta*), por ser tan fantástica siempre, por tus recetas llenas de color y sabores; Raquel (*@raquelcarmona*), una de las primeras fotógrafas gastronómicas referentes del país, siempre con su fotografía oscura y sus juegos de luces; y, en especial, gracias a todo el resto de nuestras compañeras de batallas, Las patatas bravas.

A Cris, nuestra editora, gracias por esa llamada de un día de confinamiento. Gracias por querer que tu primer libro sea el nuestro. Gracias por tu paciencia infinita con nosotras. Gracias por ser una tía tan fantástica, tan guay, ¡es que eres guay!, y por transmitirnos tu profesionalidad y saber hacer. Eres una máquina, la mejor editora que podíamos tener, sin duda.

A Beatriz, a Ana y a todo el equipo de Okiko Creatives, por representarme con tanto amor, siempre.

Gracias, desde el fondo de mi corazón, a mis Machambring: Alexia, Clara, Clau, Julie, Karen, Lucía, Mariana, Vicky y Vir; a María (Mery Swanson) y a Lurry. Vosotras, que me habéis querido en todas mis versiones, las buenas, las malas, las raras. Hemos crecido juntas y moriremos juntas, con un copazo en la mano y un temazo de fondo. Sois mi tribu.

A mi querida Tere y todo mi equipo de Ringana.

Con mucho cariño a todas mis lupitas.

A Vero, por ser mi colega de trabajo instagrammer y mi compañera de risas y de penas. Por entender esta cabeza rara que tengo, porque es igual que la tuya, por saber sacarme una sonrisa cuando nadie imagina que la necesito. Y sobre todo, gracias por compartir conmigo este viaje fascinante que es el de crear un libro de recetas. Te quiero, para siempre.

A Cristina Mas Llull, gracias por tu tiempo y por las fotografías llenas de energía que nos hiciste en Mallorca.

A mi primo, Diego Sampere, gracias por dejarnos la cerámica más maravillosa del mundo (*@sampere_barcelona*).

Gracias, Ilaria, por ayudarme con la historia de la pasta.

A todos mis seguidores de Instagram. A todos los que confiáis en mí desde los inicios, a los que me acabáis de empezar a seguir. A los que habéis hecho el esfuerzo de comprar nuestro libro. Espero no defraudaros y que con estas recetas podáis llenar los estómagos de vuestros seres queridos. Gracias.